"中文+文化"新形态系列教材

2024年首批天津市级普通高校精品教材建设项目成果。
天津外国语大学本科教学质量与教学改革研究项目
"'中文+文化'课程模式创新下的《看故宫 学汉语》教材编写"
（项目编号 TJWD23J01）成果。

看故宫
学汉语 1

主编 朱京津
副主编 孙倩
编者 顾倩
　　　侯颖
　　　行玉华

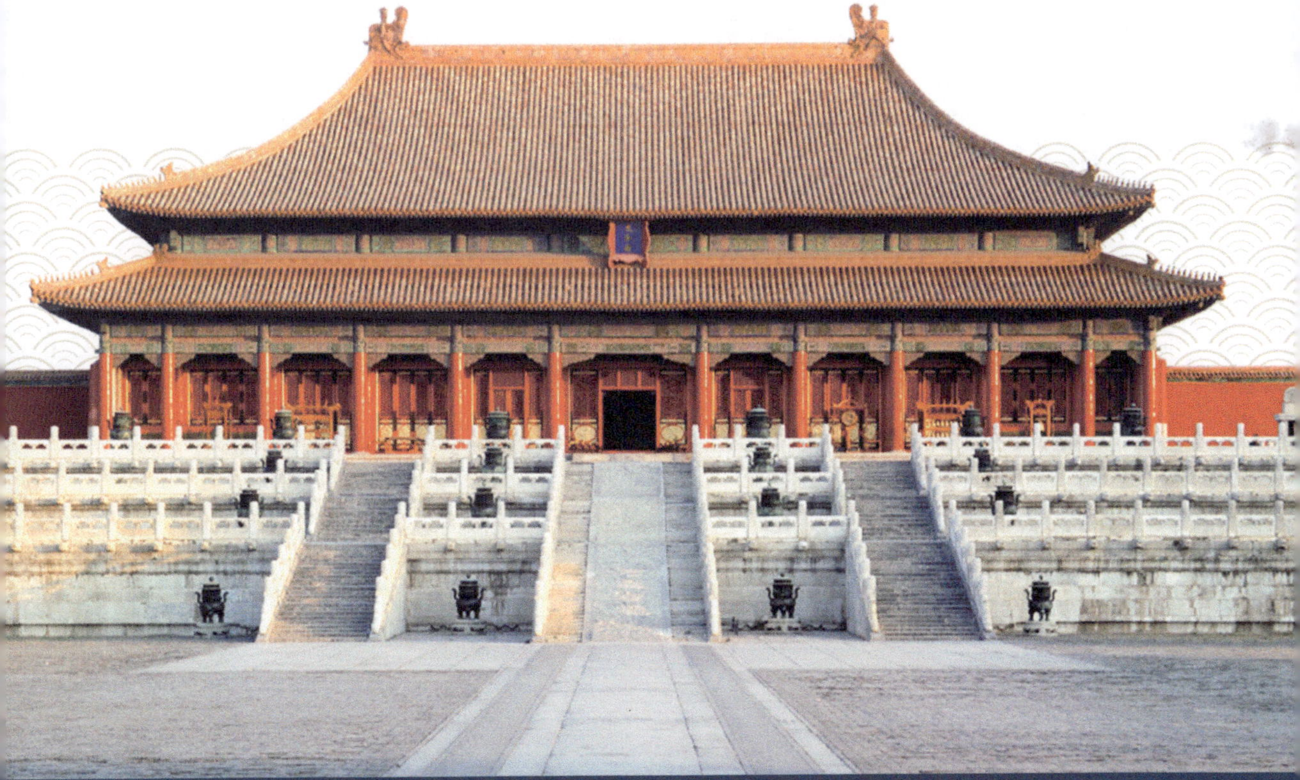

北京语言大学出版社
BEIJING LANGUAGE AND CULTURE
UNIVERSITY PRESS

© 2024 北京语言大学出版社，社图号24201

图书在版编目（CIP）数据

看故宫　学汉语. 1 / 朱京津主编；孙倩副主编. --
北京：北京语言大学出版社，2024.12. -- ISBN 978-7-
5619-6679-2

Ⅰ. H195.4

中国国家版本馆CIP数据核字第2024WX3480号

看故宫 学汉语 1
KAN GUGONG XUE HANYU 1

排版制作：	春天书装
责任印制：	周　燚

出版发行：	北京语言大学出版社
社　　址：	北京市海淀区学院路15号，100083
网　　址：	www.blcup.com
电子信箱：	service@blcup.com
电　　话：	编 辑 部　8610-82303395
	国内发行　8610-82303650/3591/3648
	海外发行　8610-82303365/3080/3668
	北语书店　8610-82303653
	网购咨询　8610-82303908
印　　刷：	北京富资园科技发展有限公司

版　次：	2024年12月第1版	印　次：	2024年12月第1次印刷
开　本：	787毫米×1092毫米　1/16	印　张：	14.75
字　数：	171 千字		
定　价：	95.00 元		

PRINTED IN CHINA

凡有印装质量问题，本社负责调换。售后QQ号1367565611，售后电话：010-82303590

前　言

一、教材的内容设计

　　《看故宫 学汉语》系列教材分为《看故宫 学汉语1》《看故宫 学汉语2》两册，教授二语学习者故宫的文化知识，侧重学习者口语表达的训练，兼顾读写能力的培养。《看故宫 学汉语1》的8个文化主题单元为故宫的历史、故宫里的皇帝、故宫里的宫殿、故宫里的建筑、故宫里的神兽、故宫里的珍宝、故宫里的名画1、故宫里的节日。《看故宫 学汉语2》的8个文化主题单元为故宫里的名画2、故宫里的书法、故宫里的瓷器、故宫里的金银器、故宫里的文房四宝、故宫里的丝织品、故宫里的家具、故宫里的钟表。每册各有200多个文化方面的词语。每个文化主题单元包括语言学习、文化知识、手工体验3个教学板块。

1.语言学习板块

　　每个文化主题单元的语言学习板块有两课，共16课，32课时。每课围绕一个核心语素汉字，进行相关词语、句型和课文的教学。文化知识部分配有教师的讲解视频。[①]

　　语言学习板块的第一课包括文化知识热身、核心语素汉字、相关语素的拓展词语学习、句型学习和课堂练习五部分。

　　（1）文化知识热身。对每个文化主题的相关知识进行预热，以便让学习者对该文化主题有大概的了解和总体的认知。

　　（2）核心语素汉字。每个文化主题单元的核心语素汉字都与该文化主题紧密相关。学习者学习核心语素汉字的音、形、义。如第一册第一课的核心语素汉字是

[①] 配套的文化视频可以在北京语言大学出版社的官网下载。

"宫",它的甲骨文字形由两个相连的或分开的"口"形构成。《说文解字》对"宫"字的解释是"室也",即"宫"字的本义是房屋的意思,后引申为宗庙、神庙、学校等意思。秦汉以后,"宫"字特指帝王居住的地方,是权力与尊贵的象征。

(3)词汇学习。围绕核心语素汉字拓展相关词语,形成该核心语素汉字的语义场。学习者从核心语素汉字的本义出发,学习相关词语,可以加深对词汇的理解和记忆。以第一册第一课的核心语素汉字"宫"为例。学习者可以从"宫"特指帝王居住的地方联想到一系列与"宫"相关的事物,如"宫墙""宫殿""宫门""宫灯""宫女""宫廷舞""乾清宫""坤宁宫""慈宁宫"等。涉及文化的词汇中专有名词较多,有的虽然不在《国际中文教育中文水平等级标准》内,但通过教师的讲解和图片的展示,学习者也是不难掌握的。

(4)句型学习。用已学的词语进行句型练习。

例如:第一册第一课的句型——N/NP是……的地方。

乾清宫是皇帝居住的地方。
坤宁宫是明朝皇后居住的地方。

在句型学习的同时,教师可对"乾清宫""坤宁宫"等专有名词进行介绍。本书配有相关文化知识的讲解视频,学习者可利用这些教学资源加深理解。教师在文化讲解时力图将传统文化与现代文化相结合,使学生者能更深刻地理解中国传统文化在现代社会的传承与创新。

(5)课堂练习。语言学习板块的第一课包括3个课堂练习。课堂练习1帮助学习者复习所学的生词,以口语能力的训练为主;课堂练习2复现所学的生词,同时围绕当课的核心语素汉字,拓展一些高级词语来扩大学习者的词汇量,以书写能力的训练为主;课堂练习3要求学习者结合当课的文化知识进行句型练习,以读写能力的综合训练为主。

语言学习板块的第二课包括复习操练、词汇学习、课文学习和表达练习四部分。

(1)复习操练。"复习操练"部分对第一课的生词进行了练习与巩固,同时复习与应用这些生词。

(2)词汇学习。"词汇学习"部分呈现了"课文学习"中的生词及一些拓展词语。

（3）课文学习。课文内容基于第一课的重点生词、句型，结合了相关文化知识，以会话体为主。语言生动活泼，风趣幽默，注重实用性。课文通过对话的形式，让学习者在特定语境中学习重点生词和句型。

（4）表达练习。语言学习板块第二课的练习以读写能力的表达训练为主，有的练习通过游戏的方式呈现。表达练习1对"词汇学习"中的生词进行复习与操练。表达练习2对当课的课文内容、重点句型进行口头表达训练。表达练习3则是从跨文化比较的角度进行成段表达的综合训练。

2.文化知识板块

文化知识板块是围绕本单元文化主题的阅读材料，对故宫的相关文化知识做更深入、全面的介绍，满足学有余力的学习者的文化需求，提高其阅读能力。阅读材料主要针对的是中高级汉语水平学习者。教师可以根据学生的水平灵活把握，有所取舍。

3.手工体验板块

手工体验板块让学习者沉浸式地体验与故宫文化主题相关的手工制作。学习者可以按照建议的步骤，依照图片进行制作。每个单元的手工体验板块都与其文化主题相呼应。例如："故宫里的名画1"文化主题的手工体验活动是在扇子上画《千里江山图》，"故宫里的节日"文化主题的手工体验活动是制作宫灯，等等。学习者在学习故宫文化的同时进行手工制作，可以让他们对故宫文化有更感性的认识，是体演文化教学法在《看故宫 学汉语》系列教材里的实践与创新，手工制作的相关用品只是用来演示这种教学法，教师可根据实际教学情况自行安排。

二、教材的适用对象

《看故宫 学汉语1》适用于汉语水平达到HSK3级以上的学习者，《看故宫 学汉语2》适用于汉语水平达到HSK4级以上的学习者。《看故宫 学汉语》系列教材可用于外国留学生的学历课程、短期课程和海外孔子学院语言文化的学分课程等。

三、教材的编写特点

1. 以语素为核心的"文化语言课程"教学模式

《看故宫 学汉语》系列教材的创新点为基于核心语素汉字的"文化语言课程"教学模式，即以语素为核心，以故宫文化为依托进行汉语教学。汉语的语素是最小的音义结合体，核心语素汉字本身就体现了中国的传统文化元素和中国人的思维方式。学习者在核心语素的基础上，学习其拓展词语及相关句型，有事半功倍之效，同时也有利于培养二语学习者的汉语思维，学会故宫文化的汉语表达，文化教学和语言教学齐头并进。

2. "语言·文化·互动"三位一体的文化语言教材

《看故宫 学汉语》系列教材由语言学习、文化知识和手工体验（互动体验）三大板块组成，围绕故宫的16个文化主题，让学习者从视觉、听觉、触觉等多感官立体认知故宫文化，学习汉语知识，提升跨文化交际能力，感受中华文明的魅力。

3. 文化语言课程词汇水平的层级性

虽然市场上的汉语语言教材和中国文化教材很多，但能将两者有机融合的汉语教材却不多见。《看故宫 学汉语》系列教材以《国际中文教育中文水平等级标准》为纲，在课文内容、阅读材料及练习设计的词汇量上体现了一定的层级性，可满足不同汉语水平的学习者了解故宫文化。同时注重口语表达和读写能力的综合训练，提高学习者的语言交际能力。

4. 充分发挥插图的作用

《看故宫 学汉语》系列教材采用的插图共400多张，包括故宫重要文物的图片等，学习者足不出户就可以直观地感受故宫文化的博大精深。展示图片还可以帮助学习者跨越语言障碍，更好地理解内容，降低学习难度。

教师在教学时可以遵循教材的编写思路安排教学活动，也可以根据实际教学情况自行安排，如语言学习板块中的课堂练习和表达练习，教师可以根据学生情况调整练习的顺序。

四、教材的语法标记

1.词类名称的缩写

名词	动词	形容词	副词	量词	专有名词
名	动	形	副	量	专名

2.语法术语的标记

名词	动词	名词短语	动词短语
N	V	NP	VP

3.句型结构的标记

在基本句型结构中，属于提示部分的用"（　　）"表示。例如：N／NP（处所）+V着+ N／NP（人／事物）。

五、课文的主要人物

大卫：非洲大学生。来中国一年，汉语水平不错，对中国文化很感兴趣，但不太了解。

玛丽：欧洲大学生。来中国六年，汉语水平非常高，对中国文化非常感兴趣，并有很多了解。

老师：中国的国际中文教师。从事国际中文教育多年，对中国文化非常有研究。

六、教材的立项情况

《看故宫 学汉语》系列教材为以下项目的成果：

（1）教育部中外语言交流合作中心《国际中文教育中文水平等级标准》教学资源建设项目"基于《国际中文教育中文水平等级标准》的文化语言课程教学资源建设"（项目编号YHJC21YB-038）的阶段性成果。

（2）教育部中外语言交流合作中心国际中文教育研究课题"以语素教学为线索的文化语言课程教学模式研究"（项目编号21YH41C）的阶段性成果。

（3）教育部中外语言交流合作中心项目"'文化汉语'融合型教学模式线上课程创新实践研究"（项目编号21YH037CX5）的阶段性成果。

（4）世界汉语教学学会全球中文教育主题学术活动资助计划"国际中文教育下的'传统文化'教学模式研究"（项目编号SH23Y14）的阶段性成果。

（5）2024年首批天津市级普通高校精品教材建设项目成果。

（6）天津外国语大学本科教学质量与教学改革研究项目"'中文+文化'课程模式创新下的《看故宫 学汉语》教材编写"（项目编号TJWD23J01）成果。

七、教材的数字化建设

《看故宫 学汉语》系列教材还配有数字化立体互动教材，纸质教材融合数字教材，线上、线下结合，可以让学生对故宫文化有更直观、清晰的认知，在语言学习上有更强的互动性和实操性。因此，《看故宫 学汉语》系列教材是"中文+文化"的新形态系列教材。

如想了解《看故宫 学汉语1》互动电子书的更多信息，可扫描下方二维码：

目 录

第一单元 故宫的历史

- 第一课　认识故宫 ①　　　　　　　　　　　　　/2
- 第二课　认识故宫 ②　　　　　　　　　　　　　/11
- 阅读材料一　故宫的历史　　　　　　　　　　　/20
- 手工制作一　"太和殿"的模型制作　　　　　　/23

第二单元 故宫里的皇帝

- 第三课　皇帝的爱好 ①　　　　　　　　　　　　/26
- 第四课　皇帝的爱好 ②　　　　　　　　　　　　/35
- 阅读材料二　故宫里的皇帝　　　　　　　　　　/43
- 手工制作二　清代皇后的立体拼图制作　　　　　/46

第三单元 故宫里的宫殿

- 第五课　皇帝的一天 ①　　　　　　　　　　　　/49
- 第六课　皇帝的一天 ②　　　　　　　　　　　　/58
- 阅读材料三　故宫里的宫殿　　　　　　　　　　/68
- 手工制作三　宫殿的门环绘制　　　　　　　　　/71

第四单元 故宫里的建筑

- 第七课　故宫建筑的神奇之处 ①　　　　　　　　/74
- 第八课　故宫建筑的神奇之处 ②　　　　　　　　/83
- 阅读材料四　故宫里的建筑　　　　　　　　　　/92
- 手工制作四　"飞檐装饰画"绘制　　　　　　　/95

目 录

第五单元
故宫里的神兽

第九课　故宫神兽知多少 ①　　　　　　/98
第十课　故宫神兽知多少 ②　　　　　　/107
阅读材料五　故宫里的神兽　　　　　　/117
手工制作五　"鸱吻"绘制　　　　　　/121

第六单元
故宫里的珍宝

第十一课　石之美者 ①　　　　　　　　/124
第十二课　石之美者 ②　　　　　　　　/133
阅读材料六　故宫里的珍宝　　　　　　/140
手工制作六　"金瓯永固杯"绘制　　　/143

第七单元
故宫里的名画 ①

第十三课　故宫里的山水画 ①　　　　　/146
第十四课　故宫里的山水画 ②　　　　　/158
阅读材料七　故宫里的名画 ①　　　　　/167
手工制作七　《千里江山图》绘制　　　/172

第八单元
故宫里的节日

第十五课　故宫节日福气多 ①　　　　　/175
第十六课　故宫节日福气多 ②　　　　　/183
阅读材料八　故宫里的节日　　　　　　/193
手工制作八　宫灯制作　　　　　　　　/197

练习参考答案　　　　　　　　　　　　/200

词语总表　　　　　　　　　　　　　　/221

第一单元

故宫的历史

语言学习

第一课

认识故宫 ①

📖 课程导入

　　大家去过北京故宫①吗?你们知道北京故宫住过多少位皇帝吗?北京故宫有多大"岁数"了?

📖 教学重点

1. 学习核心语素汉字"宫"及其相关词语。
2. 了解北京故宫的"宫"和"殿"。
3. 学习句型"N/NP是……的地方"。

文化知识热身②

Gùgōng shì Míngcháo hé Qīngcháo liǎng gè cháodài de huánggōng, shì huángdì
故宫 是 明朝 和 清朝 两个 朝代 的 皇宫,是 皇帝

men jūzhù de dìfang. Míngcháo dì-sān wèi huángdì Míng Chéngzǔ
们 居住 的 地方。 明朝 第三 位 皇帝 明 成祖

Zhū Dì kāishǐ xiūjiàn Gùgōng, gōngyuán nián wángōng, dào xiànzài
朱棣 开始 修建 故宫, 公元 1420 年 完工,到 现在

---

① 北京故宫(The Imperial Palace)是中国明清两代的皇家宫殿,旧称紫禁城。本系列教材中的"故宫"指的都是北京故宫。

② "文化知识热身"部分建议学生预习。

Gùgōng yǐ yǒu duō nián de lìshǐ le. Míngcháo gòng yǒu wèi
故宫 已有 600 多 年 的 历史 了。明朝 共有 16 位

huángdì, qízhōng yǒu wèi huángdì céng jūzhù zài Gùgōng li. Qīngcháo
皇帝， 其中 有 14 位 皇帝 曾 居住 在 故宫 里。清朝

gòng yǒu wèi huángdì, qízhōng yǒu wèi huángdì céng jūzhù zài
共 有 12 位 皇帝， 其中 有 10 位 皇帝 曾 居住 在

Gùgōng li.
故宫 里。

核心语素汉字

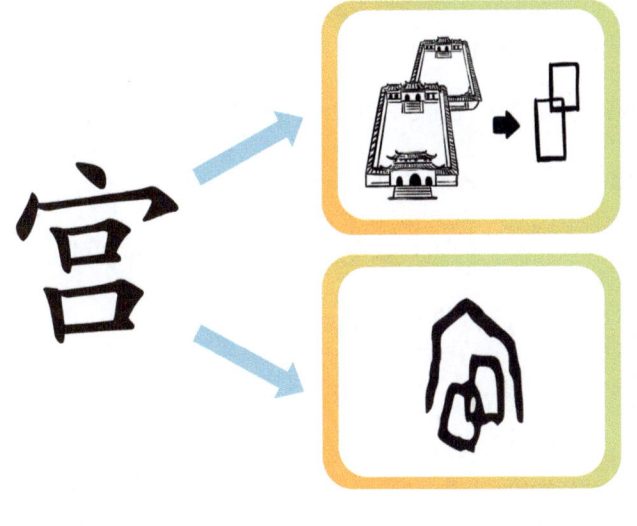

"宫"的甲骨文字形由两个相连的或分开的"口"形构成。《说文解字》对"宫"字的解释是"室也"，即"宫"字的本义是房屋的意思，后引申为宗庙、神庙、学校等意思。秦汉以后，"宫"字特指帝王居住的地方，是权力与尊贵的象征。

甲骨文① 金文 楚系简帛 秦系简牍 说文 楷书

——金文等字体出自汉典②

---

① 出自《辞海》网络版。
② 汉典网始建于2004年，主要目的是探讨中国语言文字使用的规范和标准。

词汇学习

序号	词汇	拼音	词类	英文翻译
1	宫墙	gōngqiáng	名	palace wall
2	宫门	gōngmén	名	palace gate
3	宫斗剧	gōngdòujù	名	palace struggling drama
4	宫廷舞	gōngtíngwǔ	名	palace dance, court dance
5	宫女	gōngnǚ	名	a maid in an imperial palace
6	宫灯	gōngdēng	名	palace lantern
7	宫殿	gōngdiàn	名	palace
8	乾清宫	Qiánqīng Gōng	专名	Palace of Heavenly Purity
9	坤宁宫	Kūnníng Gōng	专名	Palace of Earthly Tranquility
10	慈宁宫	Cíníng Gōng	专名	Palace of Compassion and Tranquility
11	太和殿	Tàihé Diàn	专名	Hall of Supreme Harmony
12	中和殿	Zhōnghé Diàn	专名	Hall of Central Harmony
13	保和殿	Bǎohé Diàn	专名	Hall of Preserving Harmony

课堂练习1

指图说词,两人一组,比比谁说得快。

句型学习

> N／NP是……的地方。（HSK1）

乾表示天，表示阳，代表皇帝，所以乾清宫是皇帝居住的地方①。

乾清宫是皇帝居住的地方。

坤表示地，表示阴，代表皇后，所以坤宁宫是明朝皇后居住的地方。清朝改为萨满教②祭祀的地方。

坤宁宫是明朝皇后居住的地方。

---

① 明朝皇帝大多居住在乾清宫；清朝康熙皇帝以前，乾清宫也是皇帝居住和处理政务的地方。

② 萨满教是原始宗教的一种，萨满指的是萨满教的神职人员，有男萨满，也有女萨满，人们认为他们有通神的能力，能与天对话。

> 慈表示慈爱，常用来形容母亲，所以慈宁宫是皇帝的母亲——皇太后居住的地方。

慈宁宫是皇太后居住的地方。

> 太和殿①是故宫前朝"三大殿"中最大的一个。建筑面积2377平方米。明清两代皇帝在这里举行皇帝登基、大婚和重要节日的庆典。

太和殿是举行大典的地方。

> 中和殿是前朝"三大殿"中最小的一个，方方正正，举行登基大典时，皇帝在这里休息和接受官员的叩拜。

中和殿是大典时皇帝休息的地方。

---

① "宫"在秦汉以后专指帝王居住的地方，后来也指皇后、嫔妃、太子等居住的地方。"殿"特指供奉神佛或帝王接受大臣的朝拜并处理政务的地方。

保和殿在前朝"三大殿"的最北边。清朝皇帝常常在这里请客吃饭。另外，它还是国家考试的考场。

保和殿是举行殿试①和宴会的地方。

课堂练习2

❶ 选择合适的词语填空。

（1）这故宫的_____好高呀！（宫女　宫墙）

（2）皇帝居住的地方叫_____。（坤宁宫　乾清宫）

（3）我特别喜欢跳舞，如果能学一学_____就好了。（宫廷舞　宫灯）

（4）清朝的皇后不住在_____。（慈宁宫　坤宁宫）

（5）故宫里的_____是六个面的。（宫墙　宫灯）

（6）我姐姐特别喜欢看中国的_____，剧情很吸引人。（宫斗剧　宫廷舞）

（7）皇帝在_____举行登基大典。（太和殿　保和殿）

（8）_____是清朝皇帝请客吃饭的地方。（中和殿　保和殿）

❷ 请猜一猜这些词的意思，并完成下列句子②。

> 扭转乾坤　　坤车　　坤表　　迷宫
> 慈眉善目　　和谐　　和睦　　和平

（1）门终于打开了，出来了一位_____的老人。

---

① 殿试是科举制中由皇帝亲自主持的考试。

② 学生猜一猜的词语都是从该课重点词语的核心语素拓展而来的，旨在训练学生根据语素义和句子的整体义猜词义的能力。

（2）人贫困不是错，只要我们有足够的信心去拼搏，仍然可以_____，改变命运，走向成功！

（3）生活质量的提高有助于社会_____。

（4）女孩儿更适合骑一辆_____。

（5）_____里的路很复杂，很多人都走不出去。

（6）能生长在_____年代是我们的幸运。

（7）女孩儿戴的表一般叫_____。

（8）人们都希望自己的家庭_____、幸福美满。

课堂练习3

❶ 请把这些画圈建筑的名字写在横线上。然后你做一次故宫导游，给同学们说一说这些建筑的情况，可使用句型"这是N/NP""N/NP是……的地方"来介绍。

（1）_____
（2）_____
（3）_____
（4）_____
（5）_____
（6）_____

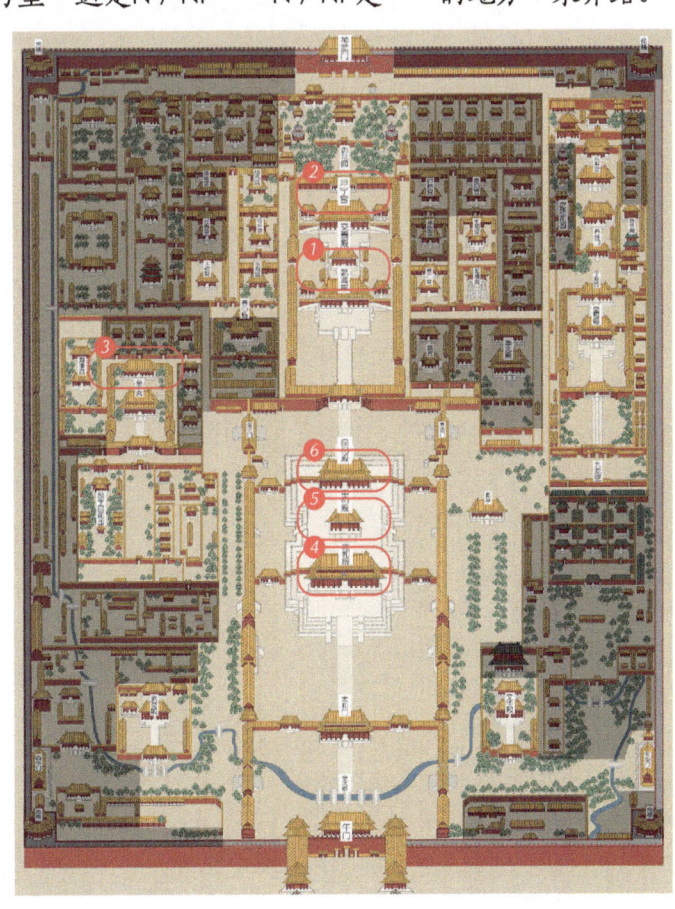

第一单元 故宫的历史 | 9

❷ 请使用句型"这是N / NP""N / NP是……的地方"完成下列句子,然后向你的同学介绍。

例如:这是卧室。卧室是睡觉的地方。

(1)这是_____。_____是_____的地方。

(2)这是_____。_____是_____的地方。

(3)这是_____。_____是_____的地方。

(4)这是_____。_____是_____的地方。

第二课

认识故宫 ②

课程导入

上次课我们学习了"宫"字的音、形、义，了解了故宫的"三大宫"和"三大殿"。如果你的朋友第一次游览故宫，你就要告诉他们这些宫殿的位置，所以这次课我们就来学习怎样表达这些宫殿的位置。

教学重点

1. 复习核心语素汉字"宫"及其相关词语，并用句型"N／NP 是……的地方"来表达。
2. 学习课文，了解北京故宫这些"宫"和"殿"的位置。

复习操练

1 看图说词。

第一单元 故宫的历史 | 11

❷ 看图说话。还记得这些宫殿的名字吗？请用句型"这是N/NP""N/NP是……的地方"介绍这些图片。

词汇学习

序号	词汇	拼音	词类	英文翻译
1	后边	hòu·bian	名	back, behind
2	上边	shàng·bian	名	above, on

序号	词汇	拼音	词类	英文翻译
3	右边	yòu·bian	名	the right side
4	中间	zhōngjiān	名	in the middle
5	下边	xià·bian	名	under
6	前边	qián·bian	名	in front
7	左边	zuǒ·bian	名	the left side
8	外边	wài·bian	名	outside
9	里边	lǐ·bian	名	inside
10	有名	yǒumíng	形	well-known, famous
11	记忆力	jìyìlì	名	memory

表达练习1

1 请写出盒子箭头所指的方位词①。

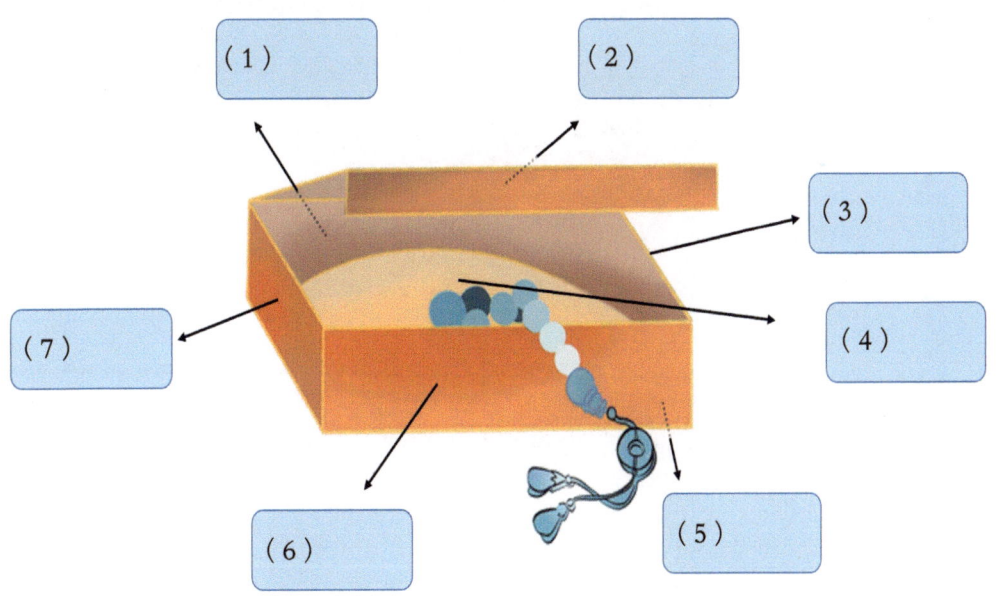

---

① 方位词是名词的附类，指表示方向或位置的词。

第一单元 故宫的历史 | 13

❷ 你能说出所画的地方在故宫的方位吗？请把相关的方位词写在方框内①。

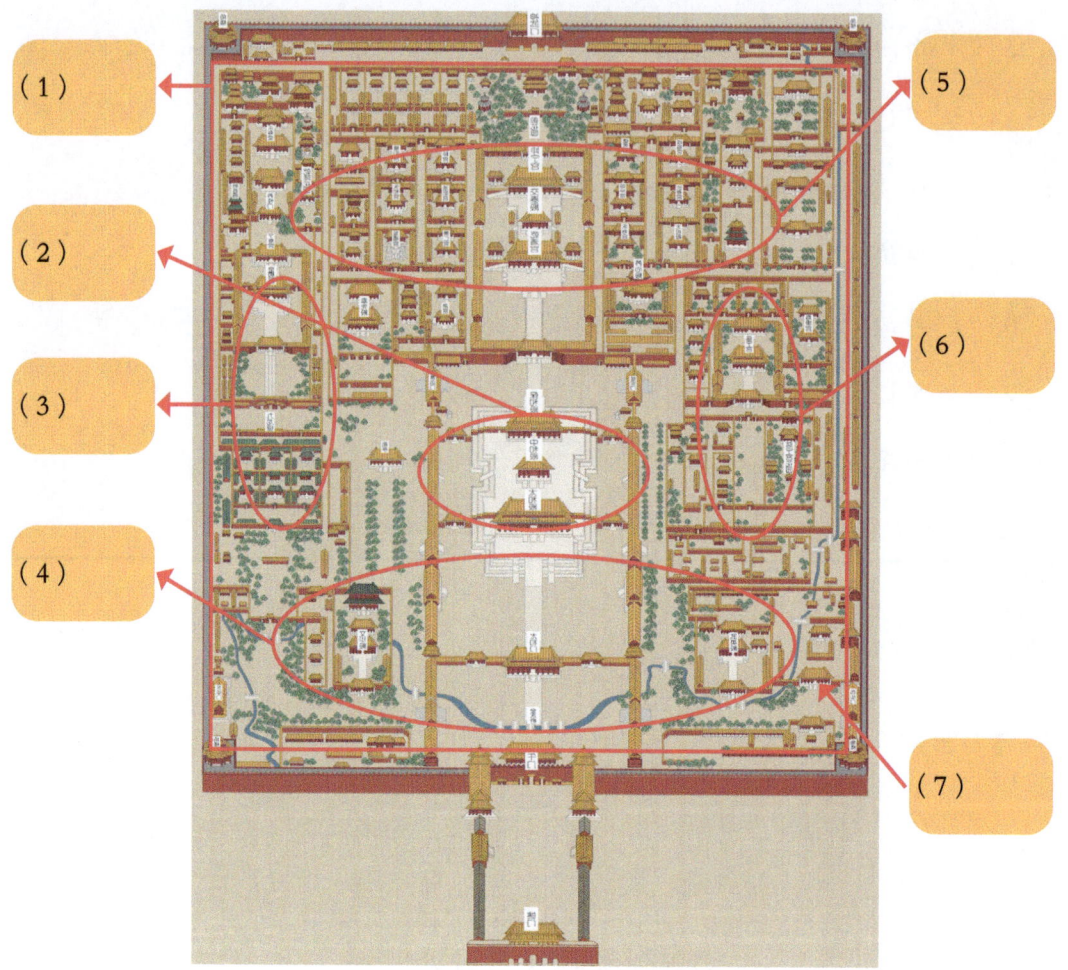

① 午门是故宫的南门，方位词前边、后边等的判断以午门为出发点。

课文学习

听对话，回答问题：
（1）太和殿在哪里？
（2）中和殿在哪里？
（3）坤宁宫在哪里？
（4）乾清宫在哪里？
（5）慈宁宫在哪里？

大卫：Zhè jiù shì Gùgōng le? Gōngqiáng hǎo gāo ya! Gōngmén hǎo dà ya!
这就是故宫了？宫墙好高呀！宫门好大呀！

Yǐqián de gōngnǚ yídìng hěn piàoliang.
以前的宫女一定很漂亮。

玛丽：Dàwèi, děngdeng, xiǎng kàn Gùgōng yào xiān huídá wǒ de wèntí:
大卫，等等，想看故宫要先回答我的问题：

Gùgōng li yǒu nǎxiē yǒumíng de gōngdiàn?
故宫里有哪些有名的宫殿？

大卫：Zhè nánbudǎo wǒ. Gùgōng zuì yǒumíng de "sān dà diàn" shì Tài-
这难不倒我。故宫最有名的"三大殿"是太

hé Diàn、Zhōnghé Diàn、Bǎohé Diàn. Zuì yǒumíng de "sān dà gōng"
和殿、中和殿、保和殿。最有名的"三大宫"

shì Qiánqīng Gōng、Kūnníng Gōng hé Cíníng Gōng.
是乾清宫、坤宁宫和慈宁宫。

玛丽：Dàwèi, nǐ de jìyìlì zhēn búcuò ya!
大卫，你的记忆力真不错呀！

大卫：Nà dāngrán.
那当然。

玛丽：Nà wǒ zài kǎokao nǐ. Tàihé Diàn zài shénme wèizhì?
那我再考考你。太和殿在什么位置？

大卫：Zhège, zhège…… nǐ zhīdào ma?
这个，这个……你知道吗？

第一单元 故宫的历史 | 15

玛丽：当然知道。太和殿是每年举行大典的地方，所以它应该在故宫的中间广场上。

大卫：嗯。老师说过，中和殿是皇帝举行典礼时休息的地方，中和殿就应该在太和殿的后边。①老师，我说得对不对？

老师：说得非常好。这样方便皇帝休息。那我再考考你们，乾清宫曾经是明朝的14位皇帝居住的地方，乾清宫在哪里？

玛丽：我知道，乾清宫在坤宁宫的前边。坤宁宫在故宫的最后边。

老师：真不错。最后一个问题，慈宁宫在哪里呢？

大卫：这个难不倒我。慈宁宫在乾清宫的右边。

玛丽：不对，不对。慈宁宫在乾清宫的左边。大卫，你真是左右不分呀！

---

① 从午门（南门）进入故宫，按照中轴线的游览路线，中和殿在太和殿的后边。本课所涉及的方位判断都是以午门为出发点。

大卫：左……右……，右……左……。唉！不是宫殿难倒了我，而是左右难倒了我！

表达练习2

❶ 判断下面的句子是否符合课文的意思，对的画"√"，错的画"×"。

（1）北京故宫的宫门很小。　　　　　　　　　　　　（　）

（2）北京故宫的"三大殿"是太和殿、中和殿、保和殿。（　）

（3）坤宁宫是明朝皇后居住的地方。它在乾清宫的前边。（　）

（4）太和殿是皇帝休息的地方。它在故宫的中间。　　（　）

（5）慈宁宫是皇太后居住的地方。它在乾清宫的左边。（　）

（6）乾清宫是举行大典的地方。它在保和殿的后边。　（　）

❷ 根据课文内容，请用句型"N / NP在……的+方位词"说一说下列宫殿的位置。①

例如：太和殿在故宫的中间。

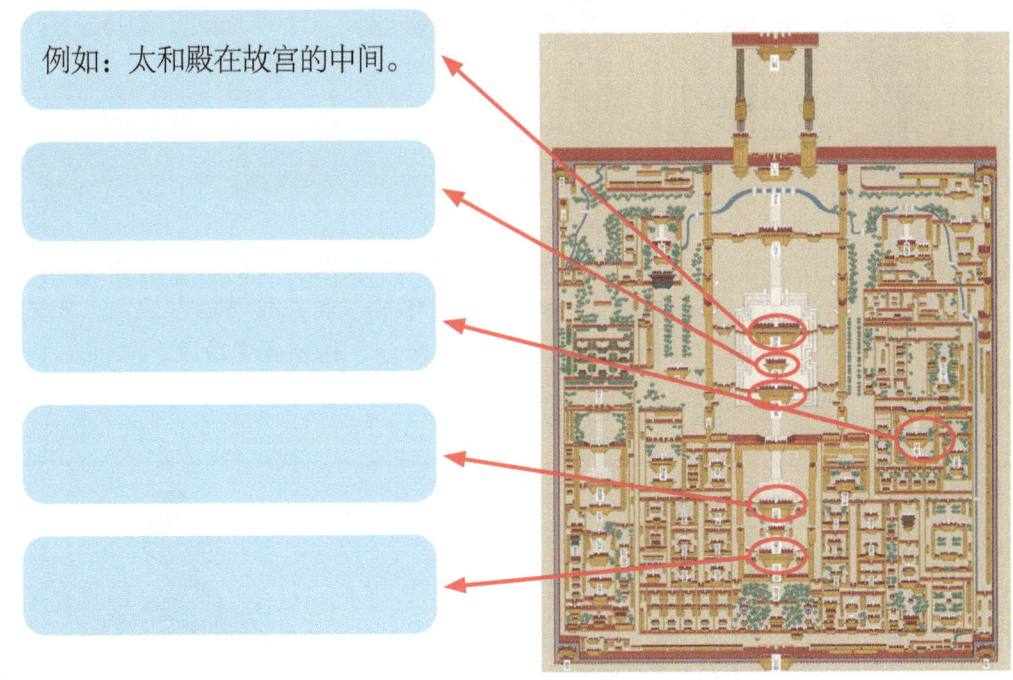

---

① 为了让学生对方位词"前边""后边""左边""右边"有更准确和直观的认知，在这个练习中，故宫平面图的南北方向是倒置的，我们把出发点午门（南门）放到了上面。

第一单元 故宫的历史 ｜ 17

❸ 请说一说下列牌匾对应的建筑,并用句型"这是N / NP""N / NP是……的地方""N / NP在……的+方位词"来进行介绍。

例如:这是乾清宫。乾清宫是皇帝居住的地方。乾清宫在坤宁宫的前边。

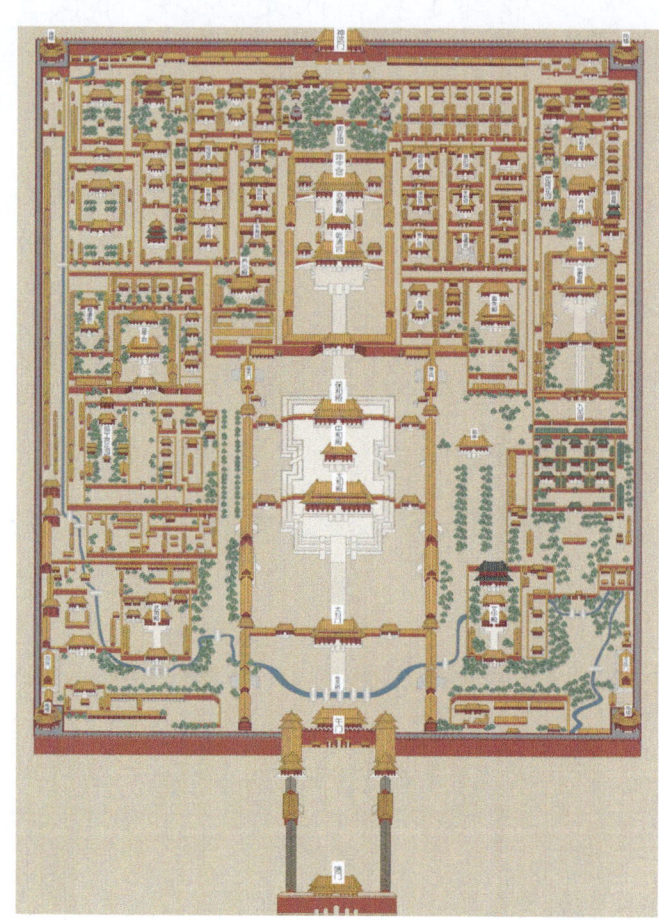

❹ 游戏练习:你说我做。学生分为两组,A组同学按照椅子的位置写指令,B组同学站在椅子旁听指令占位置。例如:A组同学说"我在椅子的左边",B组同学就要站在椅子的左边。做得又快又对的人得一分,得分多者获胜。

     yǐzi de qiánbian
例如:我在椅子的 前边。

(1)＿＿＿＿＿＿＿＿＿＿＿＿＿＿

(2)＿＿＿＿＿＿＿＿＿＿＿＿＿＿

(3)＿＿＿＿＿＿＿＿＿＿＿＿＿＿

(4)＿＿＿＿＿＿＿＿＿＿＿＿＿＿

(5)＿＿＿＿＿＿＿＿＿＿＿＿＿＿

表达练习3

请同学们用句型"这是N／NP""N／NP是……的地方""N／NP在……的+方位词"介绍你的国家的皇宫或者有名的建筑,可以向同学展示PPT或图片。

文化知识

阅读材料一

故宫的历史

请阅读本文,回答下面的问题。

1. 到2024年,故宫已经建成多少年了?
2. 建故宫所用的楠木是怎么运到北京的?
3. "外朝内廷"是什么意思?
4. 故宫真的有9999间半房屋吗?如果不是,故宫有多少间房屋呢?

朋友们,提到"北京故宫",你肯定不会陌生。无论是对于中国人还是外国人,北京故宫都是"打卡胜地①"。这么受欢迎的地方你们了解多少呢?

北京故宫又叫紫禁城②,是中国明清两代的皇家宫殿。明朝的第三位皇帝朱棣在永乐③四年(1406年)开始计划在北京修建宫殿,直到永乐十八年(1420年)建成,前后经历了14年。所以,到2024年,故宫已经有600多岁了。

朱棣

北京故宫是世界上现存规模最大、最完整的古代木质结构建筑群。所以想要建造这么大的宫殿,首先要解决的就是木材问题。在建造之前,永乐皇帝就派出了一

---

① 打卡胜地:the popular place to visit
② 紫禁城:the Forbidden City
③ 永乐:the emperor Zhu Di's reign title

大批官员到全国各地的深山老林去寻找木材。他们找到了楠木①。这种木材既粗大，又结实，非常适合建造大宫殿。

其次就是运输问题。雨季河水上涨时，人们把木头放入河里，木头就顺着河水运到了北京。木材和运输问题解决了，剩下就是工匠②问题了。有人估计③，当时参与的各种工匠就有10万多人，而帮助工匠的人就更多了，大约有100万人。

中国古代建立都城通常是三重城，包括宫城、内城、外城，而整个都城的中央位置就是紫禁城。"中"是最重要的方位，皇帝要住在天下最中心的位置，它反映了皇权至上④的观念。

为了满足皇帝处理政务和生活的需要，紫禁城的建筑以保和殿与乾清门之间的广场为界，分为南北两部分。广场南部有太和殿、中和殿、保和殿，这是皇帝举行庆典等活动的地方。从广场北部进入乾清门就是皇帝生活的地方，也是皇帝的嫔妃⑤们居住的地方。"外朝内廷"说的就是这个意思。

据说，北京故宫一共有9999

---

① 楠木：Phoebe zhennan
② 工匠：craftsman
③ 估计：to estimate
④ 皇权至上：imperial supremacy
⑤ 嫔妃：concubine

太和殿

间半房屋。怎么还有半间呢？传说永乐皇帝朱棣建造皇宫时本来打算建一万间，但在开工前，他做了一个奇怪的梦，梦见天上的玉皇大帝生气了，因为只有天官才能建一万间，地上的皇帝不能跟天上的玉皇大帝一样。所以梦醒后，朱棣就下令只建造9999间半，比玉皇大帝少半间。

这个传说当然不是真的，1972年专家们认真地计算了一番，得出的结论是，故宫实际上有8707间房屋①。2012年，故宫博物院院长单霁翔统计的是9371间房屋，也没有9999间半。但即便如此，如果一个人一出生就住在故宫，每天换一个房间，等他住完所有的房间，已经是一个二十四五岁的青年了。

1925年，紫禁城更名为故宫博物院，它集中体现了中国传统的建筑艺术和独特的民族风格，是中国数千年宫殿建筑艺术的总结性杰作。1961年，中国政府把故宫定为第一批全国重点文物保护单位。1987年，故宫又被Liánhéguó jiào-kē-wén zǔzhī联合国教科文组织②列入《Shìjiè Yíchǎn Mínglù世界遗产名录》③。

---

① 出自《故宫丛谈》。
② 联合国教科文组织：the UNESCO
③ 《世界遗产名录》：UNESCO's World Heritage List

手工体验[1]

🌀 手工制作一 "太和殿"的模型制作

这是一个"太和殿"的3D立体拼图。

3D立体拼图中有拼图组件和一本说明书。

1 第一步,先拼插太和殿的两层底座。太和殿一共有三层底座,每一层的周围都有玉石栏杆。

---

[1] "手工体验"部分是体演文化教学法的实践与创新,所选的手工制品只是用来演示这种教学法,教师可根据实际教学情况自行安排。

第二步，拼插太和殿的房屋建筑。实际建筑的"长"是11个房间的长度，"深"是5个房间的深度。建筑里共有72根大柱支撑。殿内铺了4718块金砖①。

第三步，把太和殿建筑和第三层底座一起拼插在第二层底座上。太和殿高26.92米，再加上三层台基一共高35.05米。这是紫禁城内规模最大的宫殿。

第四步，拼插上太和殿石基上的汉白玉台阶、18尊鼎式大香炉。乾隆年间，皇帝举行大典时，在香炉内会点燃柏树枝和檀香，增加神秘和威严的气氛。

最后，太和殿拼插完成。太和殿的建筑面积为2377平方米，它是明清两代皇帝举行大典的地方。

---

① "金砖"又称"御窑金砖"，是中国传统窑砖烧制业中的珍品，是古时专供宫殿等重要建筑使用的一种高品质铺地方砖。

故宫里的皇帝

语言学习

第三课

皇帝的爱好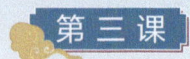

课程导入

大家知道明朝一共有多少位皇帝吗？他们有什么爱好？我们来一起了解几位明朝皇帝的爱好吧。

教学重点

1. 学习核心语素汉字"好(hào)"及其相关词语。
2. 了解明朝皇帝的爱好。
3. 学习句型"N／NP+好+VP"。

文化知识热身

Míngcháo de kāiguó huángdì shì Zhū Yuánzhāng.
明朝 的 开国 皇帝 是 朱 元璋（1328—1398）。

Tā chūshēn pínkǔ, suì shí fùmǔ yīn bìng ér sǐ. Jiāli chībubǎo
他 出身 贫苦，17 岁时父母 因 病 而 死。家里 吃不饱

fàn, tā jiù pǎodào miào li dāng héshang. Hòulái miào li yě chībubǎo
饭，他 就 跑到 庙里 当 和尚。后来 庙里 也 吃不饱

fàn. Tā sìchù liúlàng, hé hěn duō xiǎng yào huómìng de rén yìqǐ fǎnkàng.
饭。他 四处 流浪，和 很 多 想 要 活命 的 人 一起 反抗。

Zhū Yuánzhāng zuìhòu píngzhe zìjǐ de nénglì dàilǐng dàjiā tuīfānle Yuáncháo
朱元璋 最后 凭着 自己的 能力 带领 大家 推翻了 元朝

tǒngzhì, jiànlìle Míngcháo. Kěshì tā de hòudài zǐsūn què chūle hěn duō
统治，建立了 明朝。可是 他的 后代 子孙 却 出了 很 多

huāngtáng de rén, tāmen hěn duō rén dōu yǒu qíguài de àihào, zhèxiē àihào
荒唐 的人，他们 很多 人 都 有 奇怪 的爱好，这些 爱好

shǐ tāmen méi néng hěn hǎo de zhìlǐ guójiā.
使 他们 没 能 很好 地治理国家。

核心语素汉字

"好"的甲骨文字形是一个妇女抱着或举着一个孩子，新的生命出生了，当然被人们认为是一件好事。"好"在《说文解字》中的本义是"美也"，从女从子，是会意字。"好"字大多用作形容词，读hǎo；用作动词时，意为"喜欢做某事"，读hào（本课的核心语素汉字）。

| 甲骨文 | 金文 | 楚系简帛 | 说文 | 秦系简牍 | 楷书 |

——出自汉典

词汇学习

序号	词汇	拼音	词类	英文翻译
1	爱好	àihào	动、名	be fond of; hobby
2	明宣宗朱瞻基	Míng Xuānzōng Zhū Zhānjī	专名	the 5th emperor of the Ming Dynasty
3	斗蛐蛐儿	dòu qūqur		to make the crickets fight
4	明武宗朱厚照	Míng Wǔzōng Zhū Hòuzhào	专名	the 10th emperor of the Ming Dynasty
5	封	fēng	动	to appoint
6	大将军	dàjiāngjūn	名	senior general
7	明世宗朱厚熜	Míng Shìzōng Zhū Hòucōng	专名	the 11th emperor of the Ming Dynasty
8	道士	dào·shi	名	Taoist priest
9	炼制	liànzhì	动	to refine (Dan medicine)
10	服用丹药	fúyòng dānyào		to take elixir
11	明神宗朱翊钧	Míng Shénzōng Zhū Yìjūn	专名	the 13rd emperor of the Ming Dynasty
12	嗜好	shìhào	名	addiction, habit
13	敛财	liǎncái	动	to accumulate wealth by unfair means
14	明熹宗朱由校	Míng Xīzōng Zhū Yóujiào	专名	the 15th emperor of the Ming Dynasty
15	制作木器	zhìzuò mùqì		to make wooden furniture
16	好学	hàoxué	动	be eager to learn
17	好强	hàoqiáng	形	eager to do well in everything

序号	词汇	拼音	词类	英文翻译
18	好吃懒做	hàochī-lǎnzuò		gluttonous and lazy
19	好客	hàokè	形	be hospitable

课堂练习1

指图说词，两人一组，比比谁说得快。

第二单元 故宫里的皇帝 | 29

句型学习

$$N／NP+好+VP。\text{（HSK1）}$$

明宣宗朱瞻基是明朝第5位皇帝。他又被称为"蛐蛐儿皇帝",他的爱好就是斗蛐蛐儿。

明宣宗好斗蛐蛐儿。

明武宗朱厚照是明朝第10位皇帝。他有个爱好是角色扮演。他封自己为"大将军",并借打仗之名,到各地游玩。他还在紫禁城里修建了一条商业街用来玩儿角色扮演。宫女、太监们都打扮成小商贩,陪他一起玩儿。

明武宗好玩儿角色扮演。

明世宗朱厚熜是明朝第11位皇帝，又称"道士皇帝"。他就是著名的嘉靖皇帝。他儿时受到父亲的影响，长大后信奉道教。他最大的爱好就是炼制和服用丹药，拜神求仙，希望长生不老。

明世宗好炼制和服用丹药。

明神宗朱翊钧是明朝第13位皇帝。他就是著名的万历皇帝。他曾经30年不上朝，把国家搞得乱七八糟。万历皇帝的嗜好是敛财。他除了敛身边大臣的财，还到全国各地开矿征税，派出税监，盘剥老百姓。

明神宗好敛财。

明熹宗朱由校是明朝第15位皇帝,又称"木匠皇帝"。如果他不是皇帝,那他一定能成为著名的木匠。他的爱好是制作木器。他制作的家具精巧、美观。

明熹宗好制作木器。

课堂练习2

❶ 选择合适的词语填空。

（1）我的＿＿＿＿＿＿是看电影。（爱好　嗜好）

（2）她非常＿＿＿＿＿，事事都想领先。（好学　好强）

（3）人不能＿＿＿＿＿，还需努力拼搏。（好吃懒做　玩儿角色扮演）

（4）喜欢＿＿＿＿＿的不是明宣宗而是明世宗。（斗蛐蛐儿　服用丹药）

（5）我们去云南旅游时,当地人热情＿＿＿＿＿。（好客　好强）

（6）遇到一个好＿＿＿＿＿的皇帝,真是富了皇帝,苦了百姓。
（敛财　玩儿角色扮演）

（7）明熹宗喜欢＿＿＿＿＿＿。（制作木器　斗蛐蛐儿）

（8）抽烟喝酒是不良＿＿＿＿＿。（爱好　嗜好）

❷ 请猜一猜这些词的意思,并完成下列句子。

| 好管闲事 | 好为人师 | 好奇 | 好酒贪杯 |
| 财富 | 说服 | 制造 | 打斗 |

（1）_____是靠劳动创造出来的。

（2）上班的时候可不能喝酒，_____是会出大错的。

（3）他对新事物总是抱有_____心。

（4）这道题没有标准答案，只要你的答案能_____大家就可以。

（5）我搬家是因为我再也受不了那个_____的女房东了。

（6）在_____中，你选择的第一个武器是什么？

（7）商场里有很多商品都是"中国_____"。

（8）他没什么学识，却_____。

课堂练习3

❶ 请写出下面这些皇帝的名字，并把他们的爱好画线连起来。然后使用句型"N／NP+好+VP"做介绍。

例如：明宣宗朱瞻基

好制作木器

好炼制和服用丹药

好敛财

好斗蛐蛐儿

好玩儿角色扮演

（4）_____

（1）_____

（2）_____

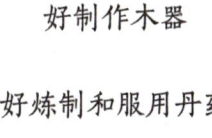

（3）_____

❷ 请使用句型"N / NP+好+VP"描述下列图片。

例如：<u>大卫先生和太太好跳舞。</u>

（1） （2） （3） （4）

（1）小红_____。

（2）安娜_____。

（3）叔叔_____。

（4）大卫_____。

第四课

皇帝的爱好 ②

课程导入

上次课我们学习了"好"字用作动词时的音、形、义，了解了明朝的几位皇帝的爱好。现在你能给你的朋友介绍这几位皇帝吗？这次课我们来学习对人物的爱好进行评价。

教学重点

1. 复习核心语素汉字"好(hào)"字及其相关词语，并用句型"N／NP+ 好+VP"描述图片。
2. 学习课文，对明朝皇帝的爱好进行评价。

复习操练

1 看图说词。

❷ 看图说话。请把皇帝的名字写在括号里,并用句型"N / NP+好+VP"介绍这几位皇帝。

> 明宣宗朱瞻基　　明熹宗朱由校
> 明武宗朱厚照　　明神宗朱翊钧　　明世宗朱厚熜

(　　)　(　　)　(　　)　(　　)　(　　)

词汇学习

序号	词汇	拼音	词类	英文翻译
1	木匠	mù·jiàng	名	carpenter
2	迷信	míxìn	动	superstition
3	长生不老	chángshēng-bùlǎo		live forever
4	打仗	dǎzhàng	动	to fight a battle
5	老百姓	lǎobǎixìng	名	common people
6	奇葩	qípā	名	rare flowers, outstanding works
7	简直	jiǎnzhí	副	simply, virtually
8	有趣	yǒuqù	形	interesting, funny
9	搜刮	sōuguā	动	to plunder

序号	词汇	拼音	词类	英文翻译
10	钱财	qiáncái	名	money, wealth, property
11	精巧	jīngqiǎo	形	exquisite, ingenious

表达练习1

❶ 请根据下面的解释，写出正确的词语。

（1）做木工活儿的手艺人。　　　　　　　　　　（　　　）

（2）相信世上不存在的神仙鬼怪等事物。　　　　（　　　）

（3）长久生存，不衰老。　　　　　　　　　　　（　　　）

（4）进行战争或战斗。　　　　　　　　　　　　（　　　）

（5）平民，人民群众。　　　　　　　　　　　　（　　　）

（6）原指奇特而美丽的花朵，后比喻某人（或某事物）
　　 与众不同，不同寻常。　　　　　　　　　　（　　　）

❷ 游戏练习：我做你说。请把你的爱好或学过的皇帝的爱好写在下面的横线上。每个同学写三个，然后一个同学在台上表演自己的爱好，其他同学分两组用句型"N / NP+好+VP"抢答。抢答得又快又对的得一分，最后得分多的组获胜。

例如：她好唱歌。

（1）_____

（2）_____

（3）_____

课文学习

听对话，回答问题：
（1）课文中提到了哪几位皇帝？他们都是哪个朝代的？
（2）明宣宗朱瞻基被称为什么皇帝？
（3）明武宗去打仗的真正目的是什么？
（4）为什么说明世宗朱厚熜很迷信道教？
（5）老师介绍这几位皇帝时，大卫分别表达了什么想法？

老师： Dàjiā dōu zhīdào Gùgōng céng shēnghuóle wèi huángdì ba,
大家都知道故宫曾生活了24位皇帝吧，
qízhōng Míngcháo wèi huángdì, zhèxiē huángdì dōu yǒu zìjǐ
其中明朝14位皇帝，这些皇帝都有自己
de àihào.
的爱好。

玛丽： Lǎoshī, nín kuài gēn wǒmen shuō yi shuō.
老师，您快跟我们说一说。

老师： Míng Xuānzōng Zhū Zhānjī shì Míngcháo dì wèi huángdì, yòu chēng
明宣宗朱瞻基是明朝第5位皇帝，又称
"qūqur huángdì". Tā hào dòu qūqur.
"蛐蛐儿皇帝"。他好斗蛐蛐儿。

大卫： Zhè jiǎnzhí tài yǒuqù le!
这简直太有趣了！

老师： Míng Wǔzōng Zhū Hòuzhào shì Míngcháo dì wèi huángdì. Tā
明武宗朱厚照是明朝第10位皇帝。他
hào wánr juésè bànyǎn. Tā céng fēng zìjǐ wéi "dàjiāngjūn",
好玩儿角色扮演。他曾封自己为"大将军"，借打仗之名,到各地游玩。

大卫:什么,这简直太奇葩了!

玛丽:老师,这和我差不多。我也喜欢到各地游玩,但我是好学生。我努力学习。

老师:还有呢!明世宗朱厚熜是明朝第11位皇帝,又称"道士皇帝"。他好炼制和服用丹药,希望自己长生不老。

大卫:哎!这简直太迷信了吧!

老师:明神宗朱翊钧是明朝第13位皇帝。他好敛财,搜刮老百姓的钱财,竟然30年不上朝。

大卫:啊!这简直太过分了!

老师:明熹宗朱由校是明朝第15位皇帝,又称为"木匠皇帝"。他最有意思。他好制作木器。他制作的床等木器,又精巧又美观。

大卫：Hāha, zhè jiǎnzhí tài yǒu yìsi le! Yàoshi néng yǒu yí jiàn,
哈哈，这简直太有意思了！要是能有一件，
wǒ jiù fācái le.
我就发财了。

玛丽：Dàwèi, bié zuòmèng le, nǐ gǎnjǐn zǒu ba.
大卫，别做梦了，你赶紧走吧。

表达练习2

❶ 判断下面的句子是否符合课文的意思，对的画"√"，错的画"×"。

（1）明朝有14位皇帝曾住在北京故宫里。　　（　　）

（2）明朝的第10位皇帝特别喜欢斗蛐蛐儿。　　（　　）

（3）明世宗朱厚熜被称为"木匠皇帝"。　　（　　）

（4）最爱钱的皇帝是明熹宗朱由校。　　（　　）

（5）"木匠皇帝"做的木器非常漂亮。　　（　　）

（6）课文中出现的"简直"一词语义都相同。　　（　　）

❷ 根据课文内容，请把下面句子的编号填在相应的皇帝的括号里，并说一说"大卫"为什么会这样评价皇帝们的爱好。

（　　）　（　　）　（　　）　（　　）　（　　）

（1）这简直太奇葩了！　　　　（4）这简直太有意思了！

（2）这简直太过分了！　　　　（5）这简直太迷信了吧！

（3）这简直太有趣了！

❸ 用句型"……简直太……了"对下面的情况进行评价。

（1）爱丽的汉语非常好，说话就像中国人一样流利，我们可以称赞她说："_____！"

（2）我们到一家餐厅吃饭，这家餐厅的饭太好吃了，你吃完都走不动了。我们对服务员赞美道："_____！"

（3）你来到了小明的宿舍，一开门一只臭袜子差点儿掉到你的脑袋上，屋子里乱七八糟的。这时你可以说："_____！"

（4）这次考试大家都觉得题目很难，很多人都没有写完，大家可以跟老师抱怨说："_____！"

❹ 请用句型"N / NP+好+VP"描述他们的爱好，并用"……简直太……了"进行评价。

表达练习3

请同学们使用句型"N / NP+好+VP"介绍你的国家至少三位皇帝或者名人的爱好,并用句型"……简直太……了"对其爱好进行评价,可以向同学展示PPT或图片。

文化知识

阅读材料二

故宫里的皇帝

请阅读本文，回答下面的问题。

1. 紫禁城一共住过多少位皇帝？
2. 建文帝朱允炆为什么要收回叔叔们的权力？
3. 朱棣夺取皇位的历史事件叫什么？
4. 朱棣为什么把都城定在了北京？

　　故宫的主人是皇帝，那么故宫里曾经住过多少位皇帝呢？故宫是明清两个朝代的皇家宫殿，明朝一共有16位皇帝，清朝一共有12位皇帝，加在一起是28位。但有幸住在紫禁城的皇帝却没有这么多。明代的第三位皇帝朱棣修建了紫禁城，而清代则也是从第三任皇帝顺治帝开始入住紫禁城，所以明清两朝一共是24位皇帝曾经住过紫禁城。

　　为什么紫禁城是明朝第三位皇帝修建的？这个故事还要从明朝的开国皇帝朱元璋讲起。朱元璋赶走元朝统治者后，将国都设在了应天府①（Yīngtiān Fǔ），也就是今天的南京。所以，最初的明朝皇宫并不在北京，而是在南京。朱元璋一共有26个儿子，他认为只有自己家的儿子可以保护明朝的政权。于是他按照古代皇位"父死子继，兄终弟及"（fù sǐ zǐ jì, xiōng zhōng dì jí）②的继承制度，立嫡长子③（dízhǎngzǐ）朱标为太子。其余的儿子都

---

① 应天府：the name of Nanjing city in Ming Dynasty
② 父死子继，兄终弟及：the throne is inherited from the father to the eldest legitimate son, or from the elder brother to the younger brother
③ 嫡长子：the eldest legitimate son

成为王，保卫明朝的土地。可惜，朱标死得比朱元璋还早，朱元璋没办法，就立了朱标的儿子——长子长孙朱允炆为继承人①。可这样的安排给他的这个皇孙留下了祸患②。

朱元璋

朱允炆

有一天，朱元璋带着自己的孙子朱允炆阅兵③。朱元璋的儿子们个个勇敢、善战。朱元璋看了十分高兴，就跟自己的孙子说："以后你当了皇帝，再有外族入侵④，你的叔叔们就可以保护你。"可孙子看了却心里不安地反问道："那如果有一天这些叔叔们造反⑤，我该怎么办呢？"这个难题直到朱元璋去世也没有解决。

朱允炆21岁当上皇帝，取年号为"建文"，历史上称为建文帝。建文帝的20多个厉害的叔叔让他吃不下饭，睡不着觉。于是他下令把叔叔们的权力（包括兵权等）都收回，并把不太听话的王都抓了起来。这使分封在北平（今北京）的燕王朱棣非常生气。朱棣是众多王中最能干的一位，曾在许多军事行动中取得胜利，在北平生活了20多年。朱棣实力强大，他早就准备抢朱允炆的皇位了。

---

① 继承人：successor
② 祸患：disaster, calamity
③ 阅兵：military review
④ 入侵：to invade
⑤ 造反：to revolt

朱棣声称皇帝身边有坏大臣，他要帮皇帝除掉他们，进而发兵，历史上称之为"靖难之役"。1402年，燕王朱棣获得了最后的胜利，建文帝朱允炆的去向成了历史谜题，不知他是在宫中结束了生命，还是逃走了。朱棣成为明朝的新皇帝，定年号为"永乐"，他也被后人称为"永乐帝"。朱棣坐在抢来的皇位上，心里总是不安。当时，朝廷和民间有很多人反对他，他觉得自己的封地"北平"会带给他幸运和福气。所以他当皇帝的第一年就下令改"北平"为"北京"，坚定地要把都城搬到北京去。永乐四年（1406年），朱棣下令修建北京的宫殿，这就是现在的北京故宫。

朱棣

手工体验

手工制作二　清代皇后的立体拼图制作

首先购买清代皇后的3D立体纸拼。故宫的主人是皇帝，皇帝的正妻就是皇后。皇帝可以有很多嫔妃，但只能有一个皇后。

盒子里包括六张纸拼、一瓶胶水和一张说明书。拼图上有序号，F开头代表前面，B开头的代表后面，例如F1就是正面最中间的第一张。

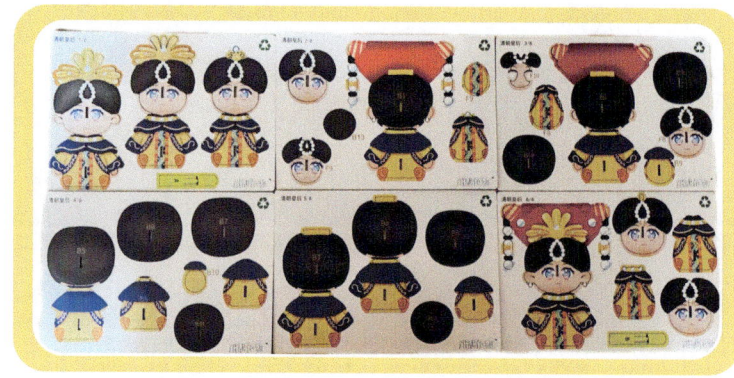

1

第一步，拆下F1、B1拼图和插板，打开胶水。皇后头上戴的就是凤冠，上面镶嵌着珠宝，制成凤的样子。

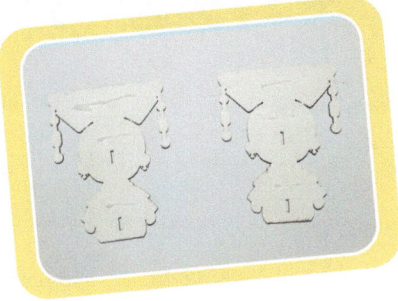

2 第二步，在它们的空白面涂少量胶水，印刷面朝外，粘在一起。

3 第三步，将插板插进插口中。

4 第四步，将后面的纸片按顺序涂上胶水，插入孔洞固定。

5 第五步，按次序粘好后，拔出插条，将没有插槽的最后一层涂上胶水，粘贴完成。

6 第六步，背面重复以上操作，一个清代皇后的3D立体纸拼就做好了。

第三单元

故宫里的宫殿

语言学习

第五课

皇帝的一天 ①

课程导入

大家知道清朝乾隆皇帝的一天是怎么过的吗？皇帝几点起床？每天的头等大事是什么？最喜欢哪道菜？下面我们就一起去看看乾隆皇帝一天的工作和生活吧。

教学重点

1.学习核心语素汉字"活"及其相关词语。
2.了解乾隆皇帝一天的工作。
3.学习句型"时间短语+到N／NP去+VP"。

文化知识热身

　　　　Qīngcháo Qiánlóng huángdì　　　　　　　ming Hónglì,　　　nián
　　清朝　乾隆　皇帝（1711—1799）名　弘历，1711年
　　chūshēng, zì xiǎo shēn shòu yéye Kāngxī huángdì de xǐ'ài.　　suì dēngjī,
　　出生，自小 深 受 爷爷 康熙 皇帝 的 喜爱。25岁登基，
　　zàiwèi qījiān de Zhōngguó jīngjì zǒngliàng jū shìjiè dì-yī.　Qiánlóng huángdì
　　在位 期间 的 中国 经济 总量 居世界第一。乾隆 皇帝
　　xǐ'ài　xiě shī hé qí shè, yīshēng xiěle　siwàn duō shǒu shī, duō cì dào
　　喜爱写诗和骑射，一生 写了 四万 多首 诗，多次 到

Mùlán wéichǎng dǎliè. Tā huódào 88 suì, zuòle 60 nián de huángdì, yòu
木兰 围场 打猎。他 活到 88 岁，做了 60 年 的 皇帝，又

zuòle jìn 3 nián de tàishànghuáng, shì Zhōngguó lìshǐ shang zuì chángshòu、
做了近3年的 太上皇， 是 中国 历史上 最 长寿、

zàiwèi shíjiān zuì cháng de huángdì zhīyī.
在位 时间 最 长 的 皇帝 之一。

核心语素汉字

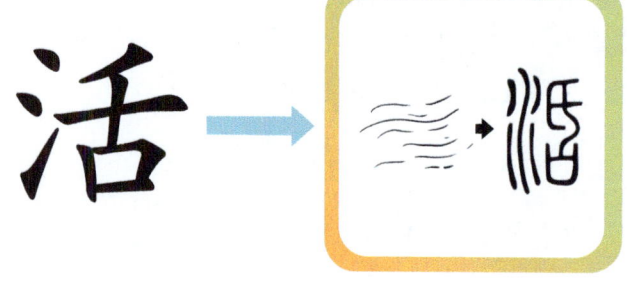

"活"字始见于《说文解字》中的小篆文字。本义是水流声，引申为活水，现代汉语的常用义是"生存、有生命"。

| 说文小篆 | 说文重文 | 篆书 | 隶书 | 楷书 |

——出自《辞海》网络版

词汇学习

序号	词汇	拼音	词类	英文翻译
1	洗漱	xǐshù	动	wash one's face and rinse one's mouth
2	请安	qǐng'ān	动	pay respects to sb.
3	早读	zǎodú	名	morning reading
4	早膳	zǎoshàn	名	breakfast
5	晚膳	wǎnshàn	名	supper
6	早朝	zǎocháo	名	morning session
7	批阅奏折	pīyuè zòuzhé	名	to review memorials to the emperor
8	寿康宫	Shòukāng Gōng	专名	Palace of Longevity and Health
9	乾隆皇帝	Qiánlóng huángdì	专名	Emperor Qianlong
10	孝顺	xiàoshùn	形	filial piety
11	皇太后	huángtàihòu	名	empress dowager
12	活动	huódòng	名	activity
13	勤政	qínzhèng	动	be diligent in administration
14	养心殿	Yǎngxīn Diàn	专名	Hall of Mental Cultivation

课堂练习1

根据下列图片，猜一猜皇帝在做什么，然后把答案写下来。

> 洗漱　　请安　　早读　　早/晚膳　　早朝　　批阅奏折

（1）
（2）
（3）
（4）
（5）
（6）

句型学习

时间短语＋到N／NP去＋VP。（HSK2）

寿康宫是乾隆皇帝母亲崇庆皇太后住的宫殿。清朝以孝治天下，重视孝道。乾隆皇帝是历史上有名的孝子，非常孝顺。崇庆皇太后也很长寿，活到了86岁。

4:30 am

早上四点半，乾隆皇帝到寿康宫去给皇太后请安。

乾隆皇帝一生好学，每天早上都会早读，学习先祖的《实录》和《圣训》。《实录》记录了先祖们生前的重要政治活动，《圣训》是历代先祖告诫臣子们的话。

5:30 am

早上五点半，乾隆皇帝到乾清宫去早读。

早朝又叫御门听政，指皇帝早晨召见大臣，处理政务。选在早晨，表示勤政。天子露天听政，是因为与臣子商量的事情，也要让上天知道，表示对上天的恭敬。

7:00 am

早上7点，乾隆皇帝到乾清门去上早朝。

养心殿是乾隆皇帝处理政务和生活起居的地方，在乾清宫的西边。清朝自雍正帝开始，先后有8位皇帝在这里居住，是当时整个皇宫的权力中心。

10:00 am

上午10点，乾隆皇帝到养心殿去批阅奏折。

清朝皇帝每天有早晚两顿正餐，一般在早上6点和下午2点，用餐地点由皇帝决定。晚膳一般会在养心殿，孝贤纯皇后去世后，因为思念，乾隆皇帝经常到二人一起居住过的重华宫去吃晚膳。重华宫也是乾隆皇帝正月里举办家宴和宴请臣子们的地方。

2:00 pm

下午2点，乾隆皇帝经常到重华宫去吃晚膳。

课堂练习2

1 选择合适的词语填空。

（1）乾隆皇帝起床后的第一件事是_____。（洗漱　请安）

（2）早上四点半，乾隆皇帝先去给皇太后_____。（请安　早朝）

（3）_____是乾隆皇帝母亲崇庆皇太后住的宫殿，既宽敞又舒适。
　　（慈宁宫　寿康宫）

（4）乾隆皇帝每天_____都会学习先祖们的《实录》和《圣训》。（早读　早朝）

（5）乾隆皇帝是个勤政的好皇帝，_____60年没迟到过。（早朝　早读）

（6）上午10点，乾隆皇帝回到_____去批阅奏折。（乾清宫　养心殿）

（7）乾隆皇帝每天下午2点吃_____。（早膳　晚膳）

（8）乾隆皇帝经常去给皇太后请安，非常_____。（孝顺　勤政）

2 请猜一猜这些词的意思，并完成下列句子。

> 一日之计在于晨　　早睡早起　　早出晚归　　闻鸡起舞
> 百善孝为先　　　　母慈子孝　　忠孝两全　　父严子孝

（1）乾隆皇帝早上4点起床，晚上8点睡觉，这就是中国人常说的_____。

（2）小明的爸爸是个医生，每天_____，特别辛苦。

（3）_____，孝顺父母是做人的根本。

（4）_____就是母亲慈祥爱子，子女孝顺母亲。

（5）"_____，一年之计在于春"的意思是告诉人们要珍惜时间。

（6）_____是指听到鸡叫就起来舞剑，指有志者奋发向上。

（7）_____是忠于国家，孝顺父母，两样都做得很好。

（8）_____就是父亲严格教育子女，子女孝顺父亲。

课堂练习3

❶ 请结合下面的时间和宫殿,使用句型"时间短语+到N/NP去+VP"介绍一下乾隆皇帝一天的工作和生活。

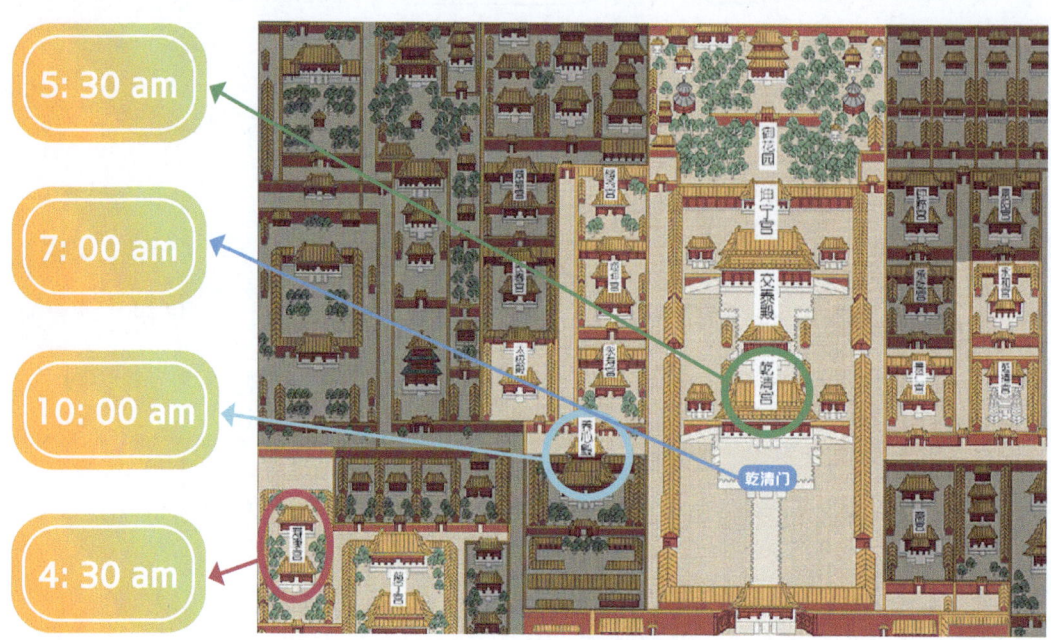

完成句子:

(1) 早上四点半,乾隆皇帝到_____寿康宫_____去_____。

(2) _____,乾隆皇帝到_____去_____。

(3) _____,乾隆皇帝到_____去_____。

(4) _____,乾隆皇帝到_____去_____。

❷ 请使用句型"时间短语+到N/NP去+VP"完成下列句子,然后介绍一下你一天的学习生活。

例如:

_____早上6点_____,我到___教室___去___早读___。

（1）_____，我到_____去_____。

（2）_____，我到_____去_____。

（3）_____，我到_____去_____。

（4）_____，我到_____去_____。

第六课

皇帝的一天 ②

课程导入

上次课我们了解了乾隆皇帝的日常工作。那么，皇帝除了工作，还会做什么呢？这次课我们一起去看看乾隆皇帝的休闲生活。

教学重点

1. 复习核心语素汉字"活"及其相关词语，并用句型"时间短语+到N／NP去+VP"描述图片。
2. 学习课文，进一步了解乾隆皇帝一天的休闲生活。

复习操练

1 看图说词。

❷ 游戏练习：两人一组，根据"请安、早读、早朝、批阅奏折、晚膳"等词语，使用句型"时间短语+到N／NP去+VP"说说乾隆皇帝的工作和生活。

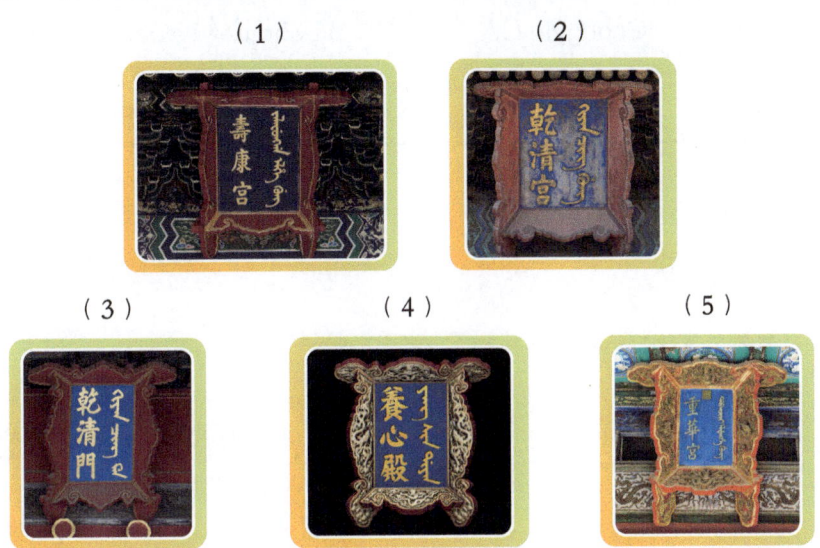

（1）　（2）　（3）　（4）　（5）

词汇学习

序号	词汇	拼音	词类	英文翻译
1	烤鸭	kǎoyā	名	roast duck
2	练习骑射	liànxí qí shè		to practice riding and shooting
3	作诗	zuò shī		to compose a poem, versify
4	看戏	kàn xì		to enjoy the theatre
5	散步	sànbù	动	to take a walk
6	赏玩宝物	shǎngwán bǎowù		to admire the beauty of treasure
7	三希堂	Sānxī Táng	专名	Hall of Three Rarities
8	箭亭	Jiàn Tíng	专名	Archery Pavilion
9	御花园	Yùhuāyuán	专名	Imperial Garden

序号	词汇	拼音	词类	英文翻译
10	畅音阁	Chàngyīn Gé	专名	Pavilion of Pleasant Sounds
11	更衣	gēngyī	动	to change one's clothes

表达练习1

❶ 请找出下列图片的对应词语，并把答案写下来。

> 吃烤鸭　　练习骑射　　作诗　　看戏　　散步　　赏玩宝物

（1）

（2）

（3）

（4）

（5）

（6）

❷ 看图组句，说说下午4点以后，乾隆皇帝到这些地方去做什么？

（1）
乾隆皇帝　赏玩宝物　到　去　小书房"三希堂"
_____

（2）
乾隆皇帝和皇子们　练习骑射　箭亭　到　去
_____

（3）
乾隆皇帝和后妃们　散步　去　御花园　到
_____

（4）
乾隆皇帝和后妃、臣子们　看戏　去　畅音阁　到
_____

课文学习

听对话，回答问题：
（1）乾隆皇帝住在哪个宫殿？
（2）乾隆皇帝几点起床？几点上早朝？
（3）乾隆皇帝每天的头等大事是什么？
（4）乾隆皇帝一天吃几顿正餐？他最喜欢哪道菜？
（5）乾隆皇帝有哪些休闲生活？

老师： 这是养心殿，是乾隆皇帝居住和办公的地方。大家猜一猜，皇帝几点起床？

大卫： 七八点吧？

老师： 那可太晚了，皇帝每天4点就起床了。

玛丽： 哇，简直太努力了！

老师： 对，乾隆皇帝是个勤政的好皇帝。四点半，洗漱更衣后，他先到寿康宫去给皇太后请安。五点半，他到乾清宫去早读，学习先祖们的《实录》和《圣训》。早膳后，大约7点，他就要到乾清门去上早朝了。

大卫：他真的又孝顺又努力。

老师：对，清朝以孝治天下，请安是皇帝每天的头等大事。

大卫：老师，皇帝早朝后就可以休息了吧？

老师：不行。下朝后，他会回到养心殿"勤政亲贤"去批阅奏折，中午1点左右还要在"中正仁和"召见大臣。

玛丽：那他几点吃饭？

老师：早上6点和下午2点，是皇帝早膳和晚膳的时间。他每天吃两顿正餐，据说乾隆皇帝特别喜欢吃烤鸭。

大卫：我也爱吃烤鸭！老师，皇帝一天都在工作吗？

老师：不会，皇帝有很多休闲活动。下午4点以后，他可以到小书房"三希堂"去赏玩宝物，和皇子们到箭亭去练习骑射，和后妃们到御花园去散步。重大节日的时候，还可以和后妃、臣子们到畅音阁去看戏。

玛丽：老师，皇帝晚上几点睡觉？

老师：晚上8点睡觉。俗话说"早睡早起身体好！"

大卫：皇帝可比我们自律多了。

（根据吴十洲《乾隆一日》改写，山东画报出版社2006年版。）

表达练习2

❶ 判断下面的句子是否符合课文的意思，对的画"√"，错的画"×"。

（1）乾隆皇帝每天起床后，先吃早膳，然后就去上早朝。（　）

（2）做了皇帝后，每天就不需要学习了。（　）

（3）三希堂是乾隆皇帝最爱的小书房，他经常在三希堂赏玩宝物。（　）

（4）乾隆皇帝的晚膳时间是下午6点。（　）

（5）重大节日时，乾隆皇帝会和后妃、臣子们到御花园去看戏。（　）

（6）乾隆皇帝通常晚上很晚睡觉。（　）

❷ 根据课文内容，请用句型"时间短语+到N／NP去+VP"说一说下午4点以后，乾隆皇帝的休闲生活。

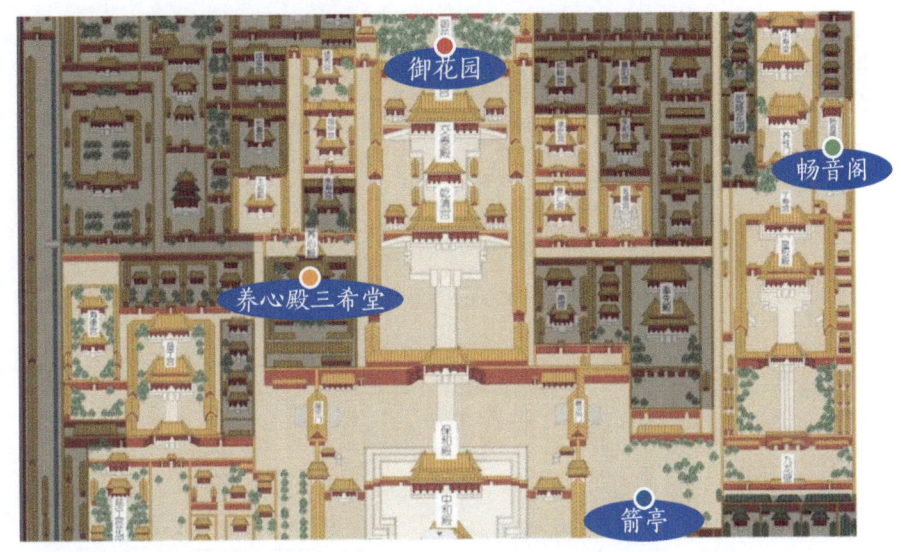

- （1）乾隆皇帝到_____去_____。

- （2）乾隆皇帝和后妃们到_____去_____。

- （3）乾隆皇帝和后妃、臣子们到_____去_____。

- （4）乾隆皇帝和皇子们到_____去_____。

❸ 下图是养心殿，请用句型"这是N／NP，N／NP是……的地方"和"时间短语+到N／NP去+VP"介绍乾隆皇帝在养心殿一天的工作和生活。

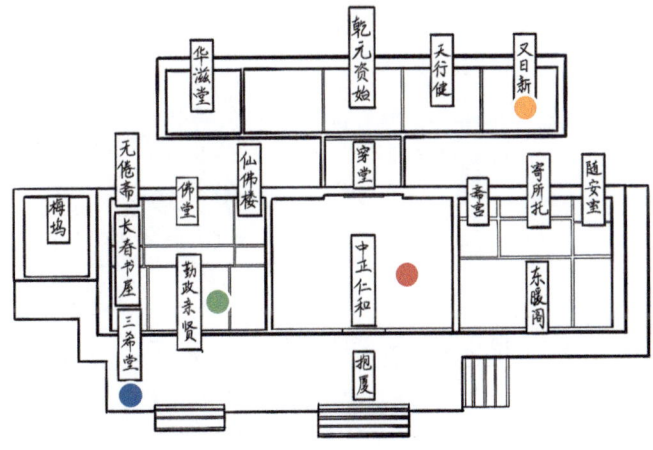

第三单元 故宫里的宫殿 ｜ 65

这是卧室，卧室是睡觉的地方。
晚上8点，乾隆皇帝到＿＿"又日新"＿＿去＿＿睡觉＿＿。

这是客厅，客厅是＿＿＿＿＿＿的地方。
＿＿＿＿＿＿，乾隆皇帝到＿＿"中正仁和"＿＿去＿＿＿＿＿＿。

这是办公室，办公室是＿＿＿＿＿＿的地方。
＿＿＿＿＿＿，乾隆皇帝到＿＿"勤政亲贤"＿＿去＿＿＿＿＿＿。

这是小书房三希堂，书房是＿＿＿＿＿＿的地方。
＿＿＿＿＿＿，乾隆皇帝到＿＿"三希堂"＿＿去＿＿＿＿＿＿。

❹ 请结合下面的图片，使用句型"时间短语+到N／NP去+VP"介绍一下一天的生活。

（1）＿＿早上6点＿＿，我到＿＿客厅＿＿去＿＿锻炼身体＿＿。

（2）＿＿＿＿＿＿＿，我到＿＿＿＿＿＿＿去＿＿＿＿＿＿＿。

（3）＿＿＿＿＿＿，我到＿＿＿＿＿＿去＿＿＿＿＿＿。

（4）＿＿＿＿＿＿，我到＿＿＿＿＿＿去＿＿＿＿＿＿。

（5）＿＿＿＿＿＿，我到＿＿＿＿＿＿去＿＿＿＿＿＿。

表达练习3

请同学们结合自己的爱好，以"小红好唱歌"为例，使用句型"我+好+VP"和"时间短语+到N／NP去+VP"说说你的休闲生活。

文化知识

阅读材料三

故宫里的宫殿

请阅读本文,回答下面的问题。

1. 哪三种人可以从午门中间的门洞进出?
2. 明朝的皇帝在哪里上朝?
3. 保和殿有哪些用途?
4. 皇帝的嫔妃都住在哪里?

我们已经了解了故宫的历史,知道故宫里曾经生活过24位皇帝。我们还知道故宫很大,有大小宫殿70多座、房屋9000多间。那大家知道这么多的宫殿都是做什么的吗?下面我们就来介绍一下故宫主要宫殿的用途。

午门

午门是紫禁城的正门,午门可不是随便哪个门洞都能进的。最中间的门洞只有皇帝一个人才能进出,文武百官①和皇室宗亲②只能走左右两边。但有两种特殊情况除外,一种是帝后大婚的时候,另一种就是殿试③的前三名可以从午门

---

① 文武百官:civil and military officials
② 皇室宗亲:royal family kinship
③ 殿试:final imperial examination (presided over by the emperor)

中间的门洞进出。不过，现在游客们都可以从中间的门洞走了。

　　进入午门，迎面是一片内广场，弯弯的内金河水就在面前，托起五座汉白玉金水桥，太和门像一间宽阔的大屋子远远地、安稳地端坐在广场那头。它是明朝"御门听政"的场所，御门听政就是皇帝上班，也叫"上早朝"。明清两代的皇帝都是在听政之日到门口设宝座，殿外听政。他们认为只有这样才可以把皇帝的贤明勤政之心①传达给上天，这叫作"天人感应"。多年后，清朝皇帝把"御门听政"的地方改在了乾清门。

金水河和金水桥

　　经过太和门，我们到达紫禁城里最重要的三座宫殿——太和殿、中和殿和保和殿，俗称前朝"三大殿"。"三大殿"的名称中为什么都有一个"和"字呢？这是因为"和"含有天下和谐的太平之意，最能表现中华民族传统文化的核心概念。太和殿是整个紫禁城里规模最大、等级最高、装饰最精美的宫殿。它是皇帝登基、帝后大婚、重要节日如元旦、冬至日和万寿节（皇帝的生日）举行大典的地方。太和殿后面的宫殿叫作中和殿。中和殿后面是保和殿，这是清代皇帝宴请②的地方。不过，跟皇帝吃饭可不是件轻松的事，大家都得规规矩矩的。皇帝如果起身离开，大家就得放下筷子跪下磕头。这样的宴请臣子们也很难吃得香。保和殿除了是皇家的宴会厅③，还是殿试的考场。殿试就是皇帝亲自主持的考试，殿试的题目都是皇帝亲自出的。阅卷结束后，皇帝会钦点考试的前三名。这三位幸运儿就可以从午门中间

---

① 贤明勤政之心：a virtuous and diligent heart
② 宴请：to entertain, to fete
③ 宴会厅：banquet hall

的门洞（正门洞）走出去了，那可是他们人生中的高光时刻啊。

穿过保和殿，再过乾清门，就是内廷了。内廷是皇帝和嫔妃及未成年皇子生活的地方。乾清宫、交泰殿和坤宁宫为内廷的主体建筑。明朝14位皇帝和清朝的顺治、康熙两位皇帝，都以乾清宫（qīnggōng）为寝宫①。

前朝"三大殿"

但是，从清朝的雍正皇帝（Yōngzhèng huángdì）②开始，后面的8位皇帝就都改住养心殿了。很多人都认为坤宁宫是皇后的寝宫，实际上这只说对了一半。坤宁宫是明朝皇后的寝宫，到了清朝就变成了萨满（Sàmǎn）③祭神的地方，不再是皇后居住的地方了。

除了皇后，皇帝还有很多嫔妃，她们居住的地方就在"东西六宫"④。东六宫从南到北第一列是景仁宫、承乾宫、钟粹宫；第二列是延禧宫、永和宫、景阳宫。西六宫从南至北第一列是永寿宫、翊坤宫、储秀宫；第二列是启祥宫（太极殿）、长春宫、咸福宫。故宫的宫殿多，住的人多，故事也多。喜欢的同学可以多去看看这些宫殿的故事。

东西六宫

---

① 寝宫：bedchamber

② 雍正皇帝：Emperor Yongzheng

③ 萨满：Shaman

④ 东西六宫：东六宫包括景仁宫、承乾宫、钟粹宫、延禧宫、永和宫、景阳宫，西六宫包括永寿宫、翊坤宫、储秀宫、启祥宫（太极殿）、长春宫、咸福宫。

手工体验

手工制作三　　宫殿的门环绘制

首先购买宫殿门环的拼图,准备胶水、颜料和画笔。门环,又名辅首,严格来讲,有兽面的门环称为"辅首",在春秋时期正式开始使用,到汉代已经较为普遍。人们用门环叩击大门发出的响声让里面的人知道有人来了,因此"敲门"也叫作"叩门"。

1 第一步,将拼图从木板上拆下,按照层次放好。

2

第二步，将每一层的拼图按顺序拼好，并用胶水粘在一起。门环的底座叫铺首，样式为"怪兽衔环"，通常是饕餮、狮、虎、螭龙等凶猛兽类的样子。

3

第三步，将门环涂上颜色。门环常以金属制成，在中国的封建社会有严格的等级制度，例如：亲王府大门用红漆金钉铜环，公王府大门用绿油铜环，等等。

4

最后，等颜料变干，门环就做好了。门环不仅可以用来叩门，上面的怪兽纹样还有保护家宅安全的意思。

第四单元

故宫里的建筑

语言学习

第七课

故宫建筑的神奇之处 ①

课程导入

大家了解木质结构建筑吗？你们知道北京故宫历经百次地震没有倒塌的秘密吗？北京故宫的最佳色彩组合是什么？

教学重点

1. 学习核心语素汉字"木"及其相关词语。
2. 了解北京故宫的建筑结构和色彩。
3. 学习句型"因为……，所以……"。

文化知识热身

Gùgōng shì Zhōngguó Míng Qīng liǎng dài de huángjiā gōngdiàn, yòu chēngwéi
故宫 是 中国 明 清 两代的 皇家 宫殿，又 称为

Zǐjìnchéng, wèiyú Běijīng zhōngzhóuxiàn de zhōngxīn, shì Zhōngguó gǔdài
紫禁城，位于 北京 中轴线 的 中心，是 中国 古代

gōngtíng jiànzhù zhī jīnghuá, shì shìjiè shang xiàncún guīmó zuì dà、 bǎocún
宫廷 建筑之 精华，是 世界 上 现存 规模 最大、保存

最为完整的木质结构古建筑之一，总面积达72万多平方米。整个故宫在建筑布局上，用形体变化、高低起伏的手法，组合成一个整体。

核心语素汉字

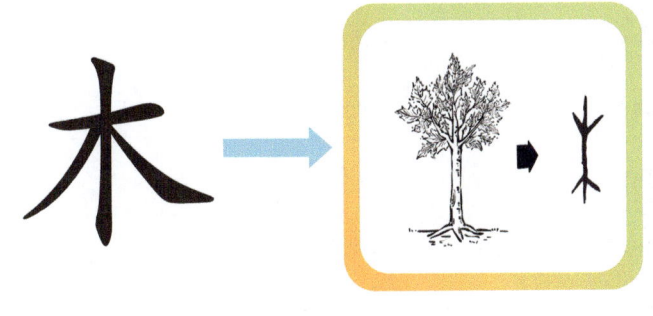

"木"是象形字。"木"的甲骨文字形是树木形，上为枝叶，下为树根。"木"的本义是树木。"木"是汉字的一个部首。从"木"的字表示树木或木器的名称，如树、松、桌、椅等。

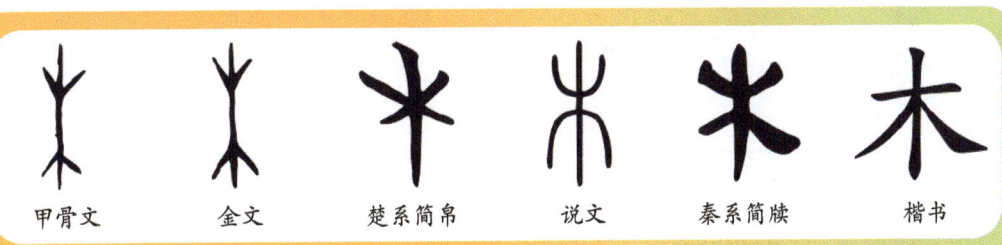

——出自汉典

词汇学习

序号	词汇	拼音	词类	英文翻译
1	神奇	shénqí	形	magical
2	木质	mù zhì		xylon
3	结构	jiégòu	名	structure
4	建筑	jiànzhù	名	construction
5	横梁	héngliáng	名	crossbeam
6	柱子	zhùzi	名	pillar
7	斗拱	dǒugǒng	名	bucket arch
8	榫卯	sǔn mǎo		mortise and tenon
9	弹簧	tánhuáng	名	spring
10	黄色	huángsè	名	yellow
11	屋顶	wūdǐng	名	roof
12	红色	hóngsè	名	red
13	代表	dàibiǎo	动、名	to represent; representative
14	国家	guójiā	名	country
15	土地	tǔdì	名	land, territory
16	参观	cānguān	动	to visit
17	颜色	yánsè	名	color

课堂练习1

❶ 看图读一读与"木"相关的事物。

床板 　　　桌子 　　　椅子

横梁　　　木　　　柱子

斗拱 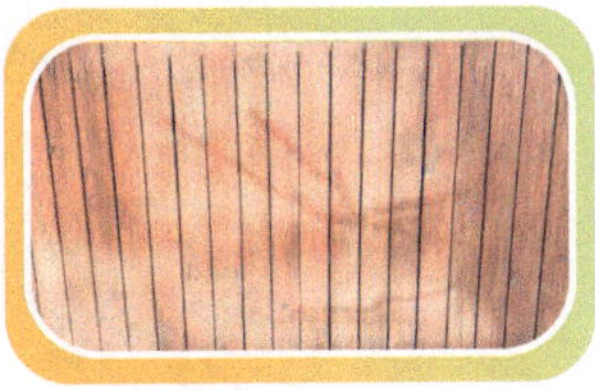　　　木质 　　　榫卯

❷ 看图选择正确的汉字。

（　）A 枫叶
（　）B 风叶

（　）A 疏子
（　）B 梳子

第四单元 故宫里的建筑 | 77

句型学习

> 因为……所以……。（HSK2）

故宫建筑采用中国传统的榫卯结构，斗与拱（合称"斗拱"）层层放置，整个结构就像一个弹簧，遇到地震时，会松动但不会散架，从而使故宫不容易倒塌。

因为故宫建筑是榫卯结构，所以地震时不容易倒塌。

黄色在五行①中代表土。土行位于五行中央，是万物生长的基础。皇帝是天下的中心，所以故宫绝大多数的屋顶都是黄色的。

因为黄色代表五行中的土，土行位于五行中央，皇帝是天下的中心，所以故宫绝大多数的屋顶都是黄色的。

---

① "五行"也称"五行学说"，指的是金、木、水、火、土五种构成世界的基本元素。"五行学说"在商周渐趋成熟，战国以来人们以"五行"的相生相克来解释万事万物的演变，认为其与五种方位、音阶、颜色、时节、德行等诸多要素存在着对应关系，体现了天道循环流转的规律。

红色在五行中代表火。土是黄色，火可以生土。故宫大面积的红墙和红色柱子，代表火很旺，由此可以产生很多的土，这样国家就会拥有更多的土地。

因为红色在五行中代表火，火可以生土，所以故宫里的柱子和墙面大部分都是红色的。

课堂练习2

❶ 选择合适的词语填空。

（1）故宫的建筑采用的是_____结构，这种结构不使用钉子，就可以起到连接固定的作用。（榫卯 柱子）

（2）故宫的屋顶大部分是_____的。（黄色 红色）

（3）我参观故宫时发现很多_____都是红色的。（横梁 柱子）

（4）中国的唐代以来，黄色_____皇帝的权力。（代表 装饰）

（5）_____层层放置，整个结构就像一个弹簧。（榫卯 斗拱）

（6）故宫是世界上现存规模最大、保存最为完整的_____结构古建筑之一。（木质 榫卯）

（7）在故宫的建筑中，黄色代表_____。（国家 土地）

（8）在中国的传统文化中，_____代表火。（红色 颜色）

❷ 请猜一猜这些词的意思，并完成下列句子。

> 木板　　麻木　　根本　　枯萎
> 结实　　联合国　　黄瓜　　红包

（1）把这块_____锯开，拼接在一起就可以做床了。

（2）土和水是农业发展的_____。

（3）很久没下雨了，这些叶子都_____了。

（4）_____又新鲜又可口，吃起来特别脆。

（5）一个小时之后，她的腿已经完全_____，没有知觉了。

（6）中国人过生日或者结婚时送_____是一种传统习俗。

（7）_____五个常任理事国分别为中国、俄罗斯、英国、法国和美国。

（8）请穿双_____的鞋子，因为我们要走很长的路。

课堂练习3

❶ 看图说话，使用句型"因为……，所以……"或者"……，因为……"。

（1）

因为她性格开朗，所以_____。

（2）

因为她坚持跑步，所以_____。

（3）

她要搬家了，因为＿＿＿＿＿＿＿＿＿＿＿＿＿＿。

（4）

她今天不能去上学了，因为＿＿＿＿＿＿＿＿＿＿＿。

❷ 角色扮演：两人一组，一个同学扮演故宫爱好者，另一个同学扮演记者并提问。请使用句型"因为……，所以……"，根据图片进行问答，并将问答写下来。同时尝试提出更多关于故宫的问题，并用句型"因为……，所以……"回答。

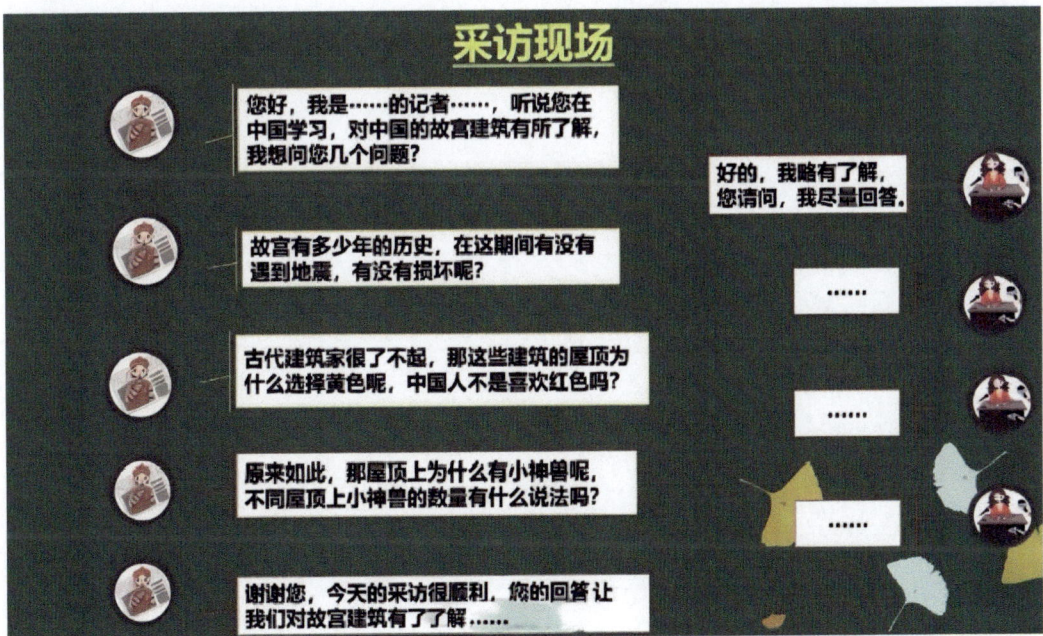

例如：

（1）问题：故宫有多少年的历史，在这期间有没有遇到地震，有没有损坏呢？

　　回答：故宫有600多年的历史，遇到过上百次地震，因为故宫建筑采用的是榫卯结构，所以不容易损坏。

（2）问题：原来如此，那屋顶上为什么有小神兽呢，不同屋顶上小神兽的数量有什么说法吗？

　　回答：_____

（3）问题：_____

　　回答：_____

（4）问题：_____

　　回答：_____

第八课

故宫建筑的神奇之处 ②

课程导入

上次课我们学习了"木"字的音、形、义，了解了故宫建筑的材料和结构特点。如果你的朋友参观故宫，你要怎样向他们介绍故宫里最神秘的颜色组合和屋顶神兽呢？这次课我们就来学习故宫建筑的颜色组合和屋顶装饰。

教学重点

1. 复习核心语素汉字"木"及其相关词语，并用句型"因为……，所以……"描述图片。
2. 学习课文，了解北京故宫建筑的颜色组合和屋顶装饰。

复习操练

❶ 看图说词。

第四单元 故宫里的建筑 | 83

❷ 请用句型"因为……，所以……""……，因为……"，根据图片完成下列句子。

太和殿是故宫里体量最大、等级最高的建筑物。宫殿的等级越高，屋脊上的神兽数量越多。太和殿上的神兽共有10只，这在中国宫殿建筑史上是独一无二的。

太和殿屋顶上的神兽数量最多，因为太和殿……。

红色在五行中代表火，火可以生土。故宫大面积的红墙代表火很旺，由此可以产生更多的土，这样国家就会拥有更多的土地。

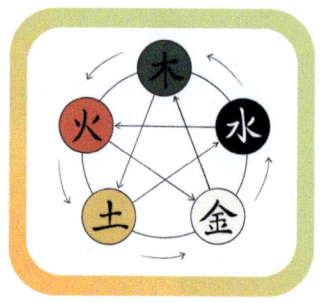

因为……，所以故宫里最神秘的颜色组合是红色和黄色。

词汇学习

序号	词汇	拼音	词类	英文翻译
1	神兽	shénshòu	名	mythical creatures
2	钉子	dīngzi	名	nail
3	地震	dìzhèn	动	earthquake
4	秘密	mìmì	形、名	secret
5	装饰	zhuāngshì	动、名	to decorate; decoration

序号	词汇	拼音	词类	英文翻译
6	组合	zǔhé	动、名	to assembly; combination
7	权力	quánlì	名	power
8	象征	xiàngzhēng	动、名	to symbolize; symbol
9	等级	děngjí	名	grade
10	数量	shùliàng	名	amount
11	生锈	shēngxiù	动	to rust

表达练习1

❶ 请找出下列图片的对应词语，并把答案写下来。

神兽　　钉子　　工匠　　地震

（1）

（2）

（3）

（4）

第四单元 故宫里的建筑 | 85

❷ 选择合适的词语填空。

神奇　秘密　装饰　组合　权力　象征　等级

（1）这个房间太单调了，需要_____一下。

（2）故宫里最神秘的颜色_____是红色和黄色。

（3）在中国的封建社会里，皇帝的_____最大。

（4）昨天晚上我做了一个_____的梦。

（5）根据五行，黄色代表土地，土地_____国家。

（6）这个_____我没有告诉任何人。

（7）因为太和殿的_____最高，所以屋脊上的神兽数量最多。

课文学习

听对话，回答问题：
（1）地震的时候，为什么榫卯结构可以使建筑不倒？
（2）中国的许多木质结构古建筑可以多少年不倒？
（3）故宫的屋顶为什么大多是黄色的？
（4）故宫的屋顶上为什么有很多小神兽？
（5）这些屋顶上的小神兽有什么作用？

老师： 大家在参观宫殿时，有什么发现吗？

玛丽： 老师，皇帝的家真漂亮呀！又大又宽敞。但我有两个问题。这些建筑是不是没有钉子[①]？故宫到今天已经600多年了，这些建筑为什么没有损坏呢？

大卫： 对，对。我也很好奇。

老师： 这两个问题问得好。故宫的木质结构建筑不用钉子，用中国传统的榫卯结构。它像弹簧一样，所以当地震发生时，房屋不会倒。这也是中国许多木质结构古建筑

[①] 故宫的建筑并非完全不用钉子，实际上一些部位是使用了钉子的，如屋顶的瓦钉。

几百年甚至上千年不倒的秘密。

大卫：原来如此，简直太神奇了！老师，我也有一个问题。这些建筑的屋顶为什么是黄色的？中国人不是喜欢红色吗？

老师：因为黄色代表土地，是国家的象征，所以它也就代表了皇帝的权力。

大卫：明白了。

玛丽：你们看，这些屋顶还有很多小神兽呢。这是为什么呢？

老师：其实它们就是钉子的帽子①，当然它们也有装饰功能。

玛丽：好可爱，我以为是为了卖萌呢。

老师：哈哈哈，因为古代的工匠担心下雨后，这些钉子会慢慢生锈，所以就给它们戴上不同

---

① 故宫屋顶的神兽又叫脊兽，中国古代建筑的屋顶多用琉璃瓦建造，所以这里的钉子指的是屋顶的瓦钉。在屋脊上安放脊兽，可以防止漏水、生锈，保护木栓和瓦钉。

xíngzhuàng de "shénshòu màozi".
形状 的 "神兽 帽子"。

Yuánlái rúcǐ. Zhèxiē gōngjiàng zhēn cōngmíng a!
大卫：原来如此。这些 工匠 真 聪明 啊！

❖ 表达练习2

❶ 判断下面的句子是否符合课文的意思，对的画"√"，错的画"×"。

（1）故宫有着600多年的历史。 （ ）

（2）故宫屋顶上的神兽只是为了好看。 （ ）

（3）中国传统的榫卯结构具有防震的功能。 （ ）

（4）榫卯结构就是弹簧。 （ ）

（5）黄色代表皇帝的权力。 （ ）

（6）小神兽是工匠们给钉子戴上的"帽子"。 （ ）

❷ 请根据课文内容，完成下列因果关系复句。

（1）因为＿＿＿＿＿＿＿＿＿＿，所以故宫的大多数屋顶是黄色的。

（2）因为根据五行，红色代表火，火可以生土，所以故宫里的墙面＿＿＿＿＿＿＿。

（3）因为钉子会慢慢生锈，所以工匠为了防雨和美观＿＿＿＿＿＿＿＿＿＿＿。

（4）因为故宫建筑使用的是＿＿＿＿＿＿＿，所以600多年了，地震没有使故宫的建筑损坏。

（5）因为小神兽的数量和宫殿等级相关，所以太和殿屋顶上的神兽＿＿＿＿＿＿＿。

❸ 请用句型"因为……，所以……"回答下面的问题。

> 你喜欢哪种交通工具，为什么？

❹ 请使用句型"因为……，所以……"对下列图片所代表的含义进行介绍。

例如：

因为红色代表吉祥，所以春节的时候，很多地方都挂红灯笼。

（1）

因为_____，

所以_____。

（2）

因为_____，

所以_____。

（3）

因为_____，

所以_____。

（4）

因为＿＿＿＿＿＿＿＿＿＿＿＿＿＿＿＿＿＿＿，

所以＿＿＿＿＿＿＿＿＿＿＿＿＿＿＿＿＿＿＿。

◆ 表达练习3

请同学们使用句型"因为……，所以……"介绍一下自己最喜欢的著名建筑、颜色或者体育项目，并说明喜欢的原因，可以向同学展示PPT或图片。

文化知识

阅读材料四

故宫里的建筑

请阅读本文,回答下面的问题。

1. 故宫里的建筑为什么经历了地震也没有倒塌?
2. 谁可以住绿色琉璃瓦屋顶的房屋?
3. 谁可以走台阶中间的御石路?
4. "云龙阶石"是怎么运到故宫的?

故宫不是单独的一栋房屋,而是一个建筑群。这些高大的建筑在600多年间经历了200多次大大小小的地震,为什么没有倒呢?这红墙黄瓦的背后又有多少中国建筑的智慧呢?今天我们就来聊聊故宫里的建筑。

榫卯结构

在中国,聪明的古人有一项了不起的技术发明。他们不用钉子,不用胶①,就能把木材连接起来,这项神奇的技术叫"榫卯"。它像搭积木一样,当"榫"插入"卯"里时,两块木头就能连接起来,

斗拱

---

① 胶:glue

这就是中国传统木构件的连接方式。在这一技术的发展过程中，逐渐出现了构件"斗"和"拱"，合称"斗拱"。"斗"与"拱"是木质结构建筑中的支撑构件①，用在屋顶和屋身连接的地方。每层"斗拱"都有松动的②空间，像弹簧一样，遇到地震会松动但不会散架，从而使故宫里的建筑不容易倒塌。

除了建筑中的榫卯结构，故宫建筑的屋顶也是非常有讲究的。故宫建筑的屋顶用的瓦叫琉璃瓦，琉璃瓦是在普通瓦片的表面涂上琉璃釉③后在一定温度下烧制成的彩色瓦片。琉璃瓦在宋代就已经广泛应用于建筑中了，到了明清时期成为尊贵④建筑的标志⑤。瓦片上的不同颜色是有严格规定的，只有帝王的宫殿才可以使用黄色琉璃瓦。因为在中国的传统文化中，黄色代表土，土是万物生长的基础。又因为土地是国家的象征，所以黄色代表至高无上的皇权。皇子们居住的屋顶都是绿色的琉璃瓦。五行学说认为绿色是"木"的代表颜色，有"生长"的意思，含皇子们像小树一样茁壮成长⑥的寓意⑦。

黄色的琉璃瓦

---

① 支撑构件：supporting member

② 松动的：loose

③ 琉璃釉：azure stone glaze

④ 尊贵：honorable, respectable

⑤ 标志：mark

⑥ 茁壮成长：to grow sturdily

⑦ 寓意：implication

绿色的琉璃瓦

另外，故宫里的宫殿台阶可不能乱走，尤其是两侧台阶中间的那块长方形的御路石，上面雕刻着龙凤云纹等图案，那是只有皇帝才能走的御道。故宫里最大的御路石在保和殿后面，叫作"云龙阶石"。它的重量足足超过200吨，上面雕刻着九条飞舞的巨龙，巨龙周围云霞万朵，阶石最下面有五座宝山，看起来气势非凡①，让人震撼②。这块石头来自北京西南郊房山的大石窝，距离紫禁城90多公里。但古代的道路大多是坑坑洼洼③的，为了方便运送，工匠们专门选择在冬天去开采石材。他们在通往北京的路上，每隔500米左右就挖一口井，因为天气寒冷，所以从井里打的水泼在路面上就会形成"冰道"。这时，工匠们便把石材装到旱船④上，用骡马拉着旱船前行。有些巨大的石材，需要上千匹骡马同时拉才能拉得动。云龙阶石的原石运到皇宫，动用了20000多人，2000多骡马，走了整整28天。这块石头经过能工巧匠⑤的精心雕琢⑥，成为故宫里最大的一块御路石。

云龙阶石

---

① 气势非凡：imposing manner
② 震撼：to shock
③ 坑坑洼洼：bumpy
④ 旱船：land boat
⑤ 能工巧匠：skilled craftsmen
⑥ 雕琢：to cut and polish, to carve

手工体验

🌀 手工制作四　　"飞檐装饰画"绘制

首先购买一个材料包,其中包括飞檐装饰画木板和带插片零件的木板。飞檐是中国传统建筑的檐部形式,常用在屋顶的转角处。屋顶的四角翘起,像飞鸟展开翅膀一样。

1 第一步,用黑色的颜料画出屋脊和屋顶的瓦片。纵向排列的瓦片让屋面过渡之处平滑而连续,使建筑本身显得更挺拔。

2 第二步,用朱红色画出建筑的横梁、柱子和栏杆。中国古代建筑大多是木质结构,因此很早就采用在木材上涂漆和桐油的办法来保护木质,使木材既坚固又美观。

3 第三步,用金黄色画出建筑的台基,并用插片将飞檐的木板立起来。中国古代建筑师们善于运用鲜艳明亮的色彩,建筑经常可以照到阳光的部分一般用暖色,如朱红色。这样,一幅飞檐装饰画就画好了。

第五单元

故宫里的神兽

语言学习

第九课

故宫神兽知多少 ①

课程导入

北京故宫有龙、凤等众多神兽，它们为什么会出现在这里？北京故宫有多少神兽？最多的神兽是什么？中国古代的皇帝自称"真龙天子"，这又是为什么呢？

教学重点

1. 学习核心语素汉字"龙"及其相关词语。
2. 了解神兽"龙""凤"及其相关成语所代表的意义。
3. 学习句型"N／NP代表……"。

文化知识热身

"Shénshòu" zhǐ Zhōngguó gǔdài shénhuà chuánshuō zhōng de shényì dòngwù,
"神兽"指 中国 古代 神话 传说 中 的 神异 动物,

cháng chūxiàn zài chuántǒng jiànzhù zhōng, shì bì zāi de shénwù. Běijīng
常 出现 在 传统 建筑 中, 是 避灾 的 神物。北京

Gùgōng li "lóng、fèng、hè、guī" děng shénshòu zhòngduō, dàibiǎole huángjiā
故宫 里 "龙、凤、鹤、龟" 等 神兽 众多, 代表了 皇家

duì quánlì、chángshòu、fùguì děng de zhuīqiú. Qiān bǎi nián lái, zhèxiē shén-
对 权力、长寿、富贵 等 的 追求。千 百 年 来, 这些 神

兽深受中国人的喜爱。特别是龙，因其勇敢、坚韧、无畏等精神，成为了中华民族的象征。

核心语素汉字

　　"龙"是象形字。"龙"的甲骨文字形像龙形。《说文解字》中"龙"的本义是古代传说中一种有鳞有须、能呼风唤雨的神异动物，即"鳞虫之长。能幽能明，能细能巨，能短能长。春分而登天，秋分而潜渊"。"龙"的形象和功能反映了中国古代人们对自然现象的理解和想象，与农业社会的生产和生活密切相关。后来"龙"作为帝王的象征，代表着吉祥、如意、神圣、高贵和权力。但在西方文化中，"龙"的形象与强大的力量及魔法能力相关联，在早期的神话传说中是凶猛的怪兽和邪恶的象征。

| 甲骨文 | 金文 | 楚系简帛 | 说文 | 秦系简牍 | 楷书（繁体） | 楷书（简体） |

——出自汉典

词汇学习

序号	词汇	拼音	词类	英文翻译
1	龙椅	lóngyǐ	名	imperial throne
2	龙袍	lóngpáo	名	imperial robe
3	铜龙	tónglóng	名	bronze dragon
4	九龙壁	jiǔlóngbì	名	nine-dragon screen
5	正龙	zhènglóng	名	the dragon in the middle
6	殿顶跑龙	diàn dǐng pǎo lóng		running dragon on the top of the palace
7	凤冠	fèngguān	名	phoenix coronet
8	铜凤	tóngfèng	名	bronze phoenix
9	龙体	lóngtǐ	名	the emperor's health
10	望子成龙	wàngzǐ-chénglóng		hope one's children will have a bright future
11	望女成凤	wàngnǚ-chéngfèng		hope that one's daughter will be somebody
12	龙凤呈祥	lóngfèng-chéngxiáng		prosperity brought by the dragon and the phoenix
13	九五之尊	jiǔwǔzhīzūn		the imperial throne
14	龙颜	lóngyán	名	face/countenance of the emperor

课堂练习1

请找出下列图片的对应词语，并把答案写下来。

> 龙椅　　龙袍　　铜龙　　九龙壁　　正龙
> 殿顶跑龙　　凤冠　　铜凤

（1）

（2）

（3）

（4）

（5）

（6）

（7）

（8）

句型学习

N／NP代表……。（HSK2）

北京故宫是龙的世界，仅太和殿就有13000多条龙①。2000多年前，汉高祖刘邦自称"真龙天子"，希望自己像龙一样无所不能。从此以后，与皇帝相关的一些事物都以"龙"来称呼。例如：皇帝的身体叫"龙体"，皇帝坐的椅子叫"龙椅"。北京故宫是明清两代皇帝的家，所以这里最多的神兽就是龙。

龙代表皇帝。

"凤"是中国古代传说中的神鸟，百鸟之王，高贵美丽。雄为"凤"，雌为"凰"，通常都称作"凤"。凤凰是瑞鸟，凤凰现世，表示天下太平。"凤"和"龙"一样，是地位和权力的象征，"凤"在中国古代代表地位最高的女人。

凤代表皇后。

---

① 如果算上台基的龙，太和殿共有14986条龙；如果不算台基上的龙，则有13844条龙。

"望子成龙""望女成凤"在中国指父母希望自己的儿女在学业和事业上能有成就，盼望儿女像"龙""凤"一样，成为大有作为的人物。

望子成龙、望女成凤代表中国父母对儿女的期望。

"龙凤呈祥"是中国的传统吉祥图案，大多用来代表喜庆之事，常用在婚嫁的喜事中。祝福新婚夫妇吉祥如意，百年好合。

龙凤呈祥代表婚姻美满，家庭幸福。

九龙壁是故宫里等级最高的影壁，位于宁寿宫皇极门外。壁长29.4米，高3.5米，上面有黄、紫、白、蓝九条彩龙，第五条黄色正龙居于正中。"九"在阳数中最大，代表吉祥。"五"居中，代表尊贵。九五之尊代表皇帝的无上尊贵。故宫九龙壁、北海公园九龙壁和山西大同九龙壁，合称"中国三大九龙壁"。

九五之尊代表皇帝至高无上的尊贵地位。

课堂练习2

1 选择合适的词语填空。

（1）_____大怒就是指皇帝生气了。（龙颜　龙体）

（2）古代皇帝穿的衣服叫_____，睡的床叫龙床。（龙袍　龙椅）

（3）在古代，皇帝身体不舒服就是_____欠安。（龙体　龙颜）

（4）故宫里的戏珠_____应该去打卡看看。（铜龙　铜凤）

（5）古代_____代表皇后的身份和地位。（龙冠　凤冠）

（6）故宫雨花阁的4条_____，每条长3米，是故宫最长的铜龙。
（殿顶跑龙　正龙）

（7）龙在古代代表_____。现在龙已成为一种吉祥物了。（皇帝　皇后）

（8）因为_____、望女成凤，现在中国出现了很多"虎妈"。
（望子成龙　龙的传人）

2 请猜一猜这些词的意思，并完成下列句子。

> 舞龙　　龙舟　　龙头　　龙王
> 龙飞凤舞　　龙生九子　　龙的传人　　人中龙凤

（1）中国人过节喜欢_____庆祝。

（2）听说_____比赛是端午节的主要习俗之一。

（3）中国古人会向_____求雨，但现代人不会了。

（4）"华为"公司是中国通信行业的_____企业。

（5）中国人常说"_____，各有不同"。

（6）中国人把书法写得生动秀逸叫作_____。

（7）_____指人群中最优秀的人，非凡的人才。

（8）千百年来，中国人称自己为_____。

课堂练习 3

1 请找出下列图片的对应词语,并把答案写下来。然后使用句型"N / NP代表……"回答下列问题。

> 龙凤呈祥　　凤冠　　铜龙　　望女成凤
> 　　　九五之尊　　铜凤

（1）

（2）

（3）

（4）

（5）

（6）

回答问题:

（1）龙和凤在古代中国分别代表什么?

（2）龙凤呈祥代表什么?

（3）九五之尊代表什么?

（4）望女成凤代表什么?

（5）凤冠代表什么?

❷ 根据图片，使用句型"N / NP代表……"回答下列问题。

（1）

A：中国人过节为什么喜欢舞龙庆祝？

B：_____

（2）

A：他们在进行什么比赛？图中的神兽代表什么？

B：_____

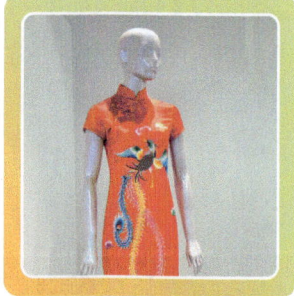

（3）

A：这件旗袍上是什么神兽？代表什么？

B：_____

（4）

A：这对新人穿的唐装①上是什么神兽？合在一起代表什么？

B：_____

（5）

A：两个茶杯上是什么神兽？它们出现在一起代表什么？

B：_____？

---

① 唐装指的是传统的中式服装。

第十课

故宫神兽知多少 ②

课程导入

故宫里除"龙""凤"外，还有"狮子""鹤""龟"等很多神兽，它们都代表什么？这次课我们一起来认识这些了不起的神兽吧。

教学重点

1. 复习核心语素汉字"龙"及其相关词语和句型"N / NP 代表……"。
2. 学习课文，进一步了解九龙壁和故宫"龙、凤"以外的其他神兽。

复习操练

1 看图说词。

❷ 游戏练习：两人一组，看句意猜词或成语。使用句型"N／NP代表……"说说这些词或成语代表什么。

（1）我是万能之神。千百年来，皇帝以我自称，故宫就是我的世界。

（2）我是百鸟之王，高贵美丽，代表古代地位最高的女人。

（3）我经常出现在男女结婚时，祝福新人百年好合。

（4）我由阳数中的最大数9和居中的数5组成，表示天子之尊。

（5）作为父母，我盼望儿子在学业和事业上都能做得很好。

（6）作为父母，我盼望女儿能像凤凰一样，成为有作为的人。

词汇学习

序号	词汇	拼音	词类	英文翻译
1	铜狮	tóngshī	名	bronze lion
2	铜鹤	tónghè	名	bronze crane
3	鎏金铜狮	liújīn tóngshī		gilded bronze lion
4	麒麟	qílín	名	kylin
5	铜鹿	tónglù	名	bronze deer
6	伏跪象	fúguìxiàng	名	kneeling elephant
7	铜龟	tóngguī	名	bronze turtle
8	长寿	chángshòu	形	longevity
9	吉祥	jíxiáng	形	propitious, auspicious
10	富贵	fùguì	形	wealth and rank
11	慈禧太后	Cíxǐ tàihòu	专名	Empress Dowager Ci Xi

序号	词汇	拼音	词类	英文翻译
12	禄	lù	名	prosperity, official's salary in feudal China
13	发髻	fàjì	名	bun
14	威严	wēiyán	形	majesty
15	直立	zhílì	动	to erect
16	耷拉	dā·la	动	to droop

表达练习1

❶ 请找出下列图片的对应词语，并把答案写下来。

铜狮　　铜鹤　　鎏金铜狮　　麒麟　　铜鹿　　伏跪象　　铜龟

（1）

（2）

（3）

（4）

（5）

（6）

（7）

❷ 根据下面的说明，猜猜"我们/我是谁"。

（1）
我身材修长天上飞，它四脚短小地上爬。我们两个都代表长寿，深受皇家和百姓的喜爱。我们是谁？

（2）
太和殿是故宫里体量最大、等级最高的建筑物。我就站在太和门前，高2.36米，威严凶猛，被称为"皇家第一大铜狮"。我们共有7对①，左雄右雌，护卫皇宫。太和殿是故宫屋顶脊兽数量最多的宫殿，屋脊上共有10只小神兽，我排在第3，猜猜我是谁？

（3）
我是中国传统的吉祥形象，背上驮着宝瓶，人称"太平有象"。我聪明能干，却在御花园跪了百年。我和"富贵象"的发音相似，代表富贵。人们心疼我，喜欢我，我是谁？

（4）
我美丽温顺，代表爱情和长寿，深受慈禧太后的喜爱。我和"禄"的发音相同，还代表财富。人们都喜欢我，我是谁？

（5）
我是上古神兽，龙头鹿角，性情温和，与凤、龟、龙合称"四灵"，代表平安吉祥。古人认为，有我出现的地方，一定会有好事发生。据说孔子的母亲在生孔子的前一天就见过我。所以，大家还认为我可以给家庭送来童子。我是谁？

---

① 据首都之窗"图说北京"。

课文学习

听对话，回答问题：
（1）故宫里有哪些神兽？
（2）九龙壁上一共有几条龙？中间的龙是第几条？
（3）"皇家第一大铜狮"在哪里？它代表什么？
（4）太和门前和乾清门前的铜狮一样吗？
（5）在中国文化中，麒麟和铜鹿分别代表什么？

大卫：玛丽，周末我去故宫看到了很多神兽。

玛丽：真的？故宫里都有哪些神兽？

大卫：最多的就是龙，还有凤、铜狮、麒麟、铜鹤、铜龟、铜鹿和伏跪象等。故宫宫门、广场、宫殿内外都是龙，听说有五万多条，其中九龙壁是最厉害的，它上面有九条色彩鲜艳的龙。中间的黄色正龙无论是从左往右数还是从右往左数，都是第五条。

玛丽：这就是"九五之尊"，代表皇帝至高无上的尊贵地位。

大卫：太和门前有一对"皇家第一大铜狮"。它们的发髻是45个，是不是也代表九五之尊？

玛丽：是的。对了，故宫里有7对铜狮，你都找到了吗？

大卫：找到了。我发现这些狮子虽然都代表威严，但是它们的大小、颜色各不相同。尤其是铜狮的耳朵，太和门前铜狮的耳朵是直立的，可是乾清门前的小铜狮耳朵却是耷拉的，这是为什么？

玛丽：这个我知道。直立着耳朵的铜狮在外朝，提醒皇帝和大臣们上朝啦，好好工作。耷拉着耳朵的铜狮在内廷，提醒后宫的妃子们要少听少看，不得干政。这就叫内外有别！

大卫：玛丽，你知道得真多呀！那我再考考你，故宫里的其他神兽都代表什么？

玛丽：龙、凤在一起是龙凤呈祥，代表婚姻美满，家庭幸福；麒麟代表平安、吉祥，自古还有"麒麟送子"的说法；龟、鹤代表长寿，因为人们常说"千年龟，万年鹤"；鹿代表财富，因为"鹿"和"禄"的发音一样；"伏跪象"也代表富贵，因为它和"富贵象"发音相似，表示人有钱有地位。

大卫：玛丽，你简直太厉害了！原来故宫里的神兽都有自己的意义，太有意思了！

表达练习2

❶ 判断下面的句子是否符合课文的意思，对的画"√"，错的画"×"。

（1）北京故宫里的神兽只有龙和凤。（　　）

（2）故宫里最多的神兽是龙，共有一万多条。（　　）

（3）中国古代居中为尊，九龙壁中间是一条尊贵的白龙。（　　）

（4）故宫里7对铜狮的耳朵都是直立的。（　　）

（5）"千年鹤，万年龟"，中国人认为鹤、龟都代表长寿。（　　）

（6）跪着的小象让人心疼，可是"伏跪象"代表的意义却让人开心。（　　）

❷ 根据课文内容，请用句型"N／NP代表……"完成下列对话。

（1）

A：古代的皇帝为什么被称为"九五之尊"？

B：_____。

（2）

A：太和门前铜狮的45个发髻代表什么？

B：_____。

（3）

A：铜龟和铜鹤为什么会出现在故宫里？

B：_____。

（4）

A：铜鹿是慈禧太后特别喜欢的小神兽，你知道为什么吗？

B：_____。

（5）

A："伏跪象"为什么既让人心疼，又让人喜欢？

B：_____。

❸ 看图讨论，故宫共有几对铜狮？太和门前的铜狮和乾清门前的铜狮一样吗？哪里不一样？为什么不一样？这些铜狮的头上有多少个发髻？你知道是为什么吗？

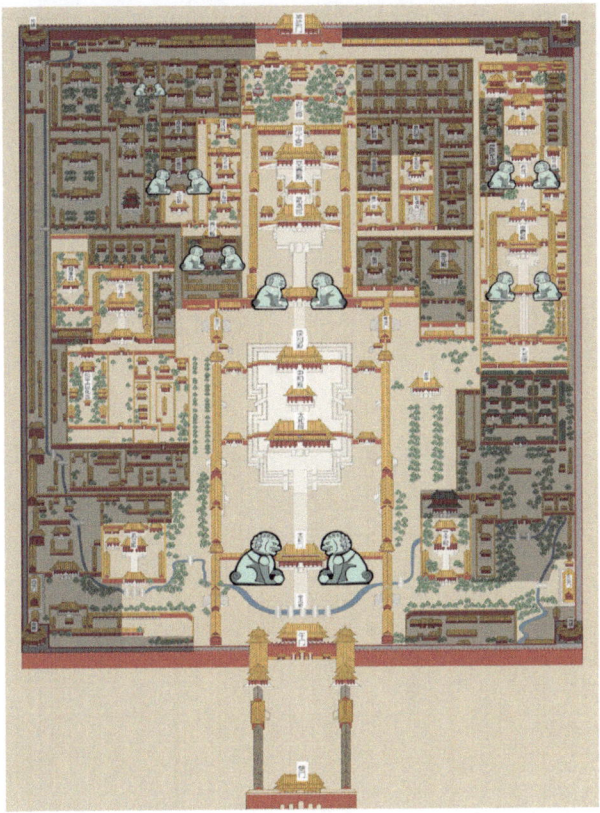

❹ 根据图片，使用句型"N／NP代表……"回答下列问题。

（1）

A：为什么北京故宫的宫殿内外到处都是龙？

B：_____。

（2）

A：为什么龙袍、龙椅还有九龙壁中间的第五条正龙都是黄色的？

B：_____。

（3）

A：为什么乾清宫上的脊兽是9个？

B：_____。

（4）

A：为什么到中国旅行一定要去北京故宫看看呢？

B：_____。

表达练习3

北京故宫里神兽众多，请大家去找找北京故宫里其他的神兽，然后介绍给同学；或者用句型"这是N / NP，N / NP代表……"，介绍一下你的国家最有代表性的神兽，说说它们受欢迎的原因，可以向同学展示PPT或图片。

文化知识

阅读材料五

故宫里的神兽

请阅读本文,回答下面的问题。

1. 九龙壁上有什么惊天秘密?
2. 为什么太和门前的铜狮头上有45个发髻?
3. 乾清门前的铜狮耳朵为什么是低垂的?
4. 在中国的传统文化中,龟和鹤代表什么?

说到故宫里的神兽,最多的肯定就是龙了。虽然现在故宫里已经没有皇帝了,但是龙的身影依然随处可见。故宫的大门、屋脊、桥梁、殿堂,皇家使用的家具、文具、餐具、衣服,甚至连太和殿的排水口都是龙头模样,下大雨的时候会呈现"千龙吐水"的场景,非常 壮观(zhuàngguān)①。

龙头排水

---

① 壮观:spectacular

九龙壁

九龙壁的白龙

故宫里还有专门的龙壁,最著名的就是宁寿宫皇极门外的九龙壁。这块长29.4米、高3.5米的影壁上一共雕刻着九条栩栩如生①的龙。它们可是用珍贵的琉璃瓦烧制②而成的,上面还藏着一个惊天秘密③呢。

当初在九龙壁的建造过程中,有一位工匠失手打碎了一块琉璃瓦件。琉璃瓦的烧制要花费很多时间,重新烧制没有时间了,可是如果不能按时完成,工匠们可能会被杀头。于是,一位工匠做了一个大胆的决定,用雕好的木头刷上漆④,染成琉璃色。由于工匠技艺精湛⑤,谁都没有发现。直到几百年后,这条白龙龙腹表面的琉璃色油漆褪色⑥掉落,人们才发现其中的秘密。

故官里的神兽除了龙,还有狮子。故宫里一共有7对狮子。太和门前的这对铜狮是中国现存最大的铜狮。铜狮高2.36米,蹲坐在高2.04米的基座上,总高达4.4米。这对狮子不仅高大,身上还藏着秘密!古人相信,有了铜狮子的护佑⑦,就会

---

① 栩栩如生:as natural as though it were living
② 烧制:to fire
③ 惊天秘密:shocking secret
④ 漆:lacquer
⑤ 精湛:consummate
⑥ 褪色:colour fading
⑦ 护佑:protect and bless

国运昌隆①。为了让铜狮子安心在这里工作，紫禁城的设计师们把它们的孩子也带来了。左侧是狮子爸爸，脚踩绣球，象征着天下一统。右侧是狮子妈妈，它的左脚下按着狮子宝宝，象征子嗣②昌隆。如果大家再仔细观察，会发现每一只铜狮的头上都有45个发髻，9乘5等于45，正好对应了皇帝"九五之尊"的说法。要是官员家的狮子有45个发髻，那么这个官员一定会被杀头的。

除了太和门前这对最大的铜狮，乾清门、养心门、宁寿门、养性门、存性门和长春宫前各有一对，一共是7对。不过乾清门前的铜狮跟太和门前的铜狮不太一样，它们不仅通体鎏金③，而且眉毛遮眼，耳朵低垂。据说这是皇帝的一种暗示④：过了乾清门，就是皇帝和嫔妃们的寝宫了，狮子耷拉的耳朵暗示后妃，不该听的不听，不该看的不看。

太和门前的铜狮

乾清门前的铜狮

---

① 国运昌隆：the fortunes of the country are flourishing
② 子嗣：son, male offspring
③ 通体鎏金：whole body gilded
④ 暗示：suggestion, imply

铜龟

铜鹤

故宫里的神兽除了龙、狮子，常见的还有龟和鹤。故宫里一共有3对铜龟、4对铜鹤，这些铜龟、铜鹤在太和殿、乾清宫等前的露台①上，它们的工艺水平非常高。在中国传统文化中，龟和鹤都表示长寿的意思，表达了皇帝希望自己长寿、江山永固②的愿望。

---

① 露台：terrace

② 江山永固：state power last forever

手工体验

手工制作五 "鸱吻"① 绘制

首先购买鸱吻模型、丙烯颜料、笔刷和调色盘。传说鸱吻是龙的第九个儿子，喜欢喷水，因此在故宫屋脊放置鸱吻有防火的意思。

1 第一步，用最大号的笔刷蘸取适量绿色颜料，用少量水化开调匀，用于刷鸱吻的底色。在古代，琉璃瓦的颜色有等级区别，黄色是皇帝的象征，绿色则通常由皇子使用。

2 第二步，用调好的绿色颜料平涂鸱吻表面，涂出鸱吻琉璃瓦的颜色和光泽。

---

① "鸱吻"是中国古代建筑屋脊的一种饰物。其形状一般是龙头鱼尾，口大张，可吞脊，有守护建筑、驱邪避火等寓意。"鸱吻"读作"chīwěn"。

绿色需要涂两遍，使色彩均匀鲜亮，盖住模型原本的黑色。

3

第三步，用较小的刷子，蘸取黄色的颜料，用少量水调匀。

4

第四步，用黄色的颜料，涂抹鸱吻的花纹、眼睛、嘴巴和鳞片，涂出黄色琉璃瓦的颜色。

最后，还要把鸱吻的尾巴、嘴巴和尾端的宝剑涂成黄色。传说鸱吻性格活泼好动，因此要用一柄宝剑镇住它，让它认真工作。这样，"鸱吻"就绘制完成了。

第六单元

故宫里的珍宝

语言学习

第十一课

石之美者 ①

课程导入

北京故宫收藏着很多珍宝，有金器、银器、珐琅器、陶瓷等，这次课我们一起欣赏一种非常精美的珍宝——玉，同时了解一下为什么中国人这么爱玉。

教学重点

1. 学习核心语素汉字"玉"及其相关词语。
2. 了解"玉"在中国的文化内涵。
3. 学习句型"不但……，而且……"。

文化知识热身

Dōnghàn Xǔ Shèn zài《Shuō Wén Jiě Zì》zhōng shuō, shí zhī měi zhě wéi yù.
东汉 许慎 在《说文解字》中 说，石之美者为玉。

Yù jiù shì yì zhǒng hěn měi de shítou. Gùgōng bówùyuàn shōucáng gǔdài
玉 就是 一 种 很美的石头。故宫 博物院 收藏 古代

yùqì yuē sānwàn jiàn, àn shídài kě fēnwéi Yuándài yǐqián de gǔ yù、
玉器 约 三万 件，按时代 可 分为 元代 以前 的 古玉、

Míngdài yùqì、Qīngdài yùqì, qízhōng yǒu hěn duō xīshì zhēnpǐn, zàoxíng
明代 玉器、清代 玉器，其中 有 很 多 稀世珍品，造型

jīngměi, qiǎoduó-tiāngōng. Zìgǔ yǐlái, Zhōngguórén jiù xǐ'ài yù, yù
精美，巧夺天工。自古以来，中国人就喜爱玉，玉
de wénhuà nèihán zhìjīn hái shēnshen de yǐngxiǎngzhe Zhōngguórén.
的文化内涵至今还深深地影响着中国人。

核心语素汉字

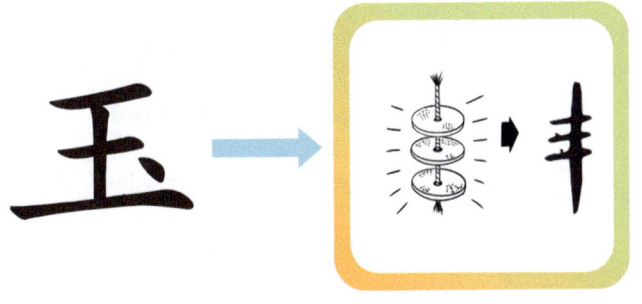

　　"玉"的甲骨文字形像用一根绳子系着的几块玉。据《说文解字》，"玉"的本义为用丝绳串起来的珍玩宝石，后引申为色泽晶莹如玉之物，形容美好、洁白等。"玉"是汉字中的一个部首，多数与玉器有关。"玉"字的金文和秦系简牍是三横一竖，与"王"字相似，区别是"玉"字的三横基本上是等距的。隶书以后的"玉"字才加上了点。

——出自汉典

词汇学习

序号	词汇	拼音	词类	英文翻译
1	玉器	yùqì	名	jadeware
2	玉璧	yùbì	名	piece of jade with hole in center
3	玉耳环	yù'ěrhuán	名	jade earrings
4	玉花瓶	yùhuāpíng	名	jade vase
5	玉如意	yùrúyì	名	jade Ru Yi
6	玉杯	yùbēi	名	jade cup
7	玉葫芦	yùhúlu	名	jade gourd
8	玉壶	yùhú	名	jade kettle
9	秀美	xiùměi	形	elegant, graceful
10	性格	xìnggé	名	character
11	坚强	jiānqiáng	形	strong, tough
12	温润	wēnrùn	形	smooth and warm, gentle and kind
13	高洁	gāojié	形	noble and unsullied, pure and lofty
14	财富	cáifù	名	wealth
15	玉镯	yùzhuó	名	jade bracelet
16	玉佩	yùpèi	名	jade pendant
17	玉白菜	yùbáicài	名	jade cabbage

课堂练习1

指图说词,两人一组,比比谁说得快。

句型学习

> 不但……，而且……。（HSK3）

玉很美，是半透明并且有光泽的美石，一般用作装饰品或雕刻材料。以玉比人，"玉貌花容"形容人长得漂亮，如花似玉。因此，玉代表秀美。有的玉非常坚硬，以玉比人，形容人的性格坚强。

玉不但代表秀美的容貌，而且代表坚强的性格。

玉的手感温润舒适，以玉比人，形容人的内心温和善良。

玉不但代表坚强的性格，而且代表温和的内心。

玉采于深山之中，却保持着自身的洁净与透亮，以玉比人，形容人在复杂艰难的环境中也能洁身自好。

玉不但代表温和的内心，而且代表高洁的品格。

玉的价值极高，有的玉甚至是无价之宝。战国时期，秦王得知赵王有一块美玉"和氏璧"，竟然愿意用十五座城去换那块宝玉。

玉不但代表高洁的品格，而且代表财富。

在古代，不是谁都可以使用玉的，秦朝以前只有王爵以上的人才可以佩戴或使用玉器。

玉不但代表财富，而且代表权力。

玉产生的时间远远早于人类，古时候，人们认为玉是能够沟通神明的神器。

玉不但代表权力，而且代表幸运。

课堂练习2

❶ 选择合适的词语填空。

（1）这只_____不用插花，本身就很好看。（玉杯　玉花瓶）

（2）那女孩儿手上戴着一个_____。（玉镯　玉白菜）

（3）古时候的文人经常在腰间挂着_____，代表性格温和，洁身自好。（玉耳环　玉佩）

（4）_____有招财进宝的寓意，是"百财"的谐音。（玉如意　玉白菜）

（5）"完璧归赵"的故事里有一块非常珍贵的_____。（玉花瓶　玉璧）

（6）中国人爱喝茶，也喜爱各种茶具，_____、_____是明清两代最有特色的茶具。（玉杯、玉壶　玉璧、玉镯）

（7）_____有多子多福的寓意。（玉白菜　玉葫芦）

（8）_____有吉祥如意、幸福来临的寓意。（玉如意　玉杯）

❷ 用下列成语完成句子。

成语	意义
亭亭玉立	形容美女身材修长或花木等形体挺拔。

成语	意义
金玉良言	像黄金和美玉一样宝贵的忠告或教诲。
如花似玉	像鲜花和美玉一样美好。形容女子年轻美丽。
锦衣玉食	华美的衣服，珍贵的食品。形容奢侈豪华的生活。
珠圆玉润	形容流水明净，回波圆转。后用以形容圆润美妙的歌声或婉转流畅的文字。
抛砖引玉	谦辞。比喻用粗浅的、不成熟的意见引出别人高明的、成熟的意见。
琼楼玉宇	琼楼指像美玉一样精美的楼房，玉宇指传说中神仙住的华丽的宫殿。形容富丽堂皇的建筑物。
白璧无瑕	洁白的玉上面没有一点儿小斑点。比喻人或事物完美无缺。

（1）古代的皇帝每天过着_____的生活。

（2）我先说几句，_____，后面主要听大家的意见。

（3）十几岁正是一个女孩儿_____的年纪。

（4）现在回想起来，父母说的话都是_____。

（5）这位歌唱家的歌声_____，好听极了。

（6）10年前她还是个小女孩儿，现在已经长得_____了。

（7）古代人认为月亮上的人住在_____中。

（8）这个小女孩儿的心灵就像_____的美玉一样纯洁。

课堂练习3

❶ 在中国文化中，"玉"不但是珍宝，而且有着美好的寓意，现在大家明白中国人为什么爱玉了吧。请你用"不但……，而且……"向朋友介绍玉的特点和寓意吧。

> 玉的特点：美 坚硬 手感温润舒适 洁净 珍贵……
>
> 玉的寓意：秀美 坚强 温和 高洁 财富 权力 幸运……

例句：玉不但美，而且坚硬。

玉不但代表秀美的容貌，而且代表坚强的性格。

❷ 请用句型"不但……，而且……"完成下面的句子。

这件衣服100元

（1）
这件衣服不但＿＿＿＿＿＿＿＿＿＿＿＿＿＿，
而且＿＿＿＿＿＿＿＿＿＿＿＿＿＿＿＿＿。

（2）
感冒的时候，不但＿＿＿＿＿＿＿＿＿＿＿＿，
而且＿＿＿＿＿＿＿＿＿＿＿＿＿＿＿＿＿。

（3）
菊花不但＿＿＿＿＿＿＿＿＿＿＿＿＿＿＿＿，
而且＿＿＿＿＿＿＿＿＿＿＿＿＿＿＿＿＿。

（4）
A：马克会说汉语吗？
B：马克不但＿＿＿＿＿＿＿＿＿＿＿＿＿＿，
　　而且＿＿＿＿＿＿＿＿＿＿＿＿＿＿＿＿。

第十二课

石之美者 ②

课程导入

上次课我们学习了"玉"字的音、形、义,了解了玉不但秀美,而且有丰富的中国文化内涵。这次课我们继续学习中国人寄托在玉上的美好寓意。

教学重点

1. 复习核心语素汉字"玉"及其相关词语,并用句型"不但……,而且……"描述图片。
2. 学习课文,了解中国人寄托在玉上的美好寓意。

复习操练

1 看图说词。

❷ 游戏练习：首先，请将左边的词语与右边的相关意义连线；然后，两人一组，用句型"不但……，而且……"介绍玉所代表的美好寓意。

例如：玉不但代表高洁的品格，而且代表财富。

（1）幸运　　　　　　　　　　秀丽美好。

（2）温和的内心　　　　　　　具有价值的东西。

（3）高洁的品格　　　　　　　好的运气。

（4）权力　　　　　　　　　　指人的性格谦和礼让。

（5）财富　　　　　　　　　　职责范围内的支配力量。

（6）秀美的容貌　　　　　　　高尚纯洁。

词汇学习

序号	词汇	拼音	词类	英文翻译
1	装饰品	zhuāngshìpǐn	名	ornament
2	招财进宝	zhāocái-jìnbǎo		bring in wealth and treasure
3	外表	wàibiǎo	名	appearance
4	坚硬	jiānyìng	形	hard

序号	词汇	拼音	词类	英文翻译
5	平安	píng'ān	形	safe and sound
6	祝愿	zhùyuàn	动	to wish
7	摆	bǎi	动	to put (things)

表达练习1

❶ 请根据下面的解释，写出正确的词语。

（1）起装饰作用的物品。　　　　　　　　　　　（　　　）

（2）招引进财气、财宝。常用来恭祝他人有财运的吉祥话。（　　　）

（3）人的仪表和外部形象。　　　　　　　　　　（　　　）

（4）形容东西硬而坚固。　　　　　　　　　　　（　　　）

（5）形容平和安宁。　　　　　　　　　　　　　（　　　）

（6）表示良好愿望。　　　　　　　　　　　　　（　　　）

❷ 游戏练习：三人一组，一个同学用句型"不但……，而且……"描述班里的某一个同学，另两个同学猜这个同学的名字。猜出者得一分，分数最高者获胜。

例如：这个同学她不但高，而且瘦。

_____

_____

_____

_____

课文学习

听对话，回答问题：
（1）玉有什么特点？
（2）朋友送玉镯的祝愿是什么？
（3）故宫里收藏的玉器都包括什么？
（4）为什么中国古人那么喜欢玉器？
（5）为什么很多人喜欢在家里摆玉白菜和玉如意呢？

大卫：玛丽，你的玉镯真好看！

玛丽：谢谢，这是中国朋友送我的生日礼物。

大卫：一定很贵吧？

玛丽：不算太贵，但它是一种祝愿。

大卫：玉镯为什么是祝愿呢？

玛丽：我的朋友说，玉不但秀美，而且坚硬，朋友祝愿我不但外表漂亮，而且有坚强的性格，就像玉一样。

大卫：原来是这样。我在故宫见到过很多玉器，有玉璧、玉环、玉佩、玉镯、玉象、玉杯、

yùhú……
玉壶……

玛丽：这么多呢！在古代，玉器不但是一种装饰品，而且代表财富和权力。

大卫：那现在中国人家里也会使用玉器吗？

玛丽：会啊，很多人喜欢在家里摆玉白菜、玉如意，希望家里不但能招财进宝，而且能平安、吉祥。

表达练习2

❶ 判断下面的句子是否符合课文的意思，对的画"√"，错的画"×"。

（1）中国朋友送给玛丽一只玉壶。　　　　　　（　　）

（2）中国朋友送的礼物很贵，所以玛丽很喜欢。（　　）

（3）朋友的礼物也是一种祝愿。　　　　　　　（　　）

（4）玉很柔软，所以有温柔的寓意。　　　　　（　　）

（5）北京故宫里有很多玉器。　　　　　　　　（　　）

（6）在中国古代，玉器只是一种装饰品。　　　（　　）

（7）现代中国人家里不再摆放玉器了。　　　　（　　）

（8）"玉白菜"有招财进宝的寓意。　　　　　　（　　）

❷ 根据课文内容，完成日记。

玛丽的日记

今天我的中国朋友王红送了我一只玉镯，她说玉石不但_____，而且_____。她祝愿我也像玉石一样，不但有_____，而且有_____。

我的同学大卫告诉我，北京故宫里有很多玉器，在中国古代，玉器不但是一种_____，而且代表_____。他说现代人家里也会摆很多玉器，希望家里不但能_____，而且能_____。

❸ 请用句型"不但……，而且……"回答下面的问题。

（1）学习汉语，只会说，行不行？（学习汉语，不但要……，而且要……）
_____

（2）北京故宫有哪些特点？（大，有很多珍宝……）
_____

（3）乾隆皇帝的一天一般做什么？

乾隆皇帝的一天	
上午	努力工作 work hard
下午	练习射箭 practise archery

_____

（4）骑自行车有什么好处？
_____

（5）为什么外国游客到中国旅行一定要去北京故宫？
_____

（6）这家餐厅的菜非常好吃，我点了5道菜，只花了40元，这家餐厅怎么样？

_____

❹ 小调查：表格中的动物在东西方文化中的寓意有什么差异？请做一个小调查，用句型"N / NP代表……"说一说。

动物	东方文化	西方文化
龙		
熊		
鸡		
蛇		
蟾蜍		
蝙蝠		

✦ 表达练习3

请同学们介绍一下你的国家或者你们家有什么"珍宝"，请用"不但……，而且……"介绍"珍宝"的特点，以及为什么是"珍宝"。

文化知识

阅读材料六

故宫里的珍宝

请阅读本文，回答下面的问题。

1. 据2016年的统计，北京故宫有多少件文物藏品？
2. 北京故宫有哪些镇馆之宝？
3. 北京故宫的文物来自中国的不同朝代吗？
4. 北京故宫的文物藏品有什么特点？

北京故宫的占地面积整整有72万平方米，明清两代24位皇帝曾经住在这些宫殿里，很多珍贵的文物①也在这里，那故宫到底有多少件文物珍宝呢？这个问题不太好回答。故宫的珍宝来自中国的不同朝代。"年纪"最大的是玉器，来自龙山文化的陶器②有4000多岁了，商代的青铜器③也有3000多岁了。"年轻"一些的宋朝字画、陶瓷也有1000多岁了。

这些珍宝的"个头"也不一样。"小个头"的如字画、陶瓷、金银器，"大个头"的有青铜器、雕塑④、玉器；还有一些"超级大个头"，如刻着古老文字、画着图案的大石头。镇馆之宝⑤更是优中选优⑥，如只有皇帝才能使用

---

① 文物：antique
② 陶器：pottery
③ 青铜器：bronze ware
④ 雕塑：sculpture
⑤ 镇馆之宝：the most precious treasure of the museum
⑥ 优中选优：The best of the best

的酒杯"金瓯永固杯"，集合中国各朝17种釉彩①的"瓷母大瓶"，长5米多绘制②北宋都城汴京（今河南省开封市）百姓生活的《清明上河图》，等等。

金瓯永固杯

瓷母大瓶

故宫的文物收藏中不仅有地地道道的"中国面孔"，还有远道而来的"外国客人"。清朝时期，英国、法国、德国等国家的科技仪器③和"玩具"也漂洋过海④地来到了紫禁城，如瑞士制作的会唱歌的八音盒，来自西洋的清宫

瑞士制作的八音盒

铜镀金架香水瓶

---

① 釉彩：colorful glaze
② 绘制：to draw
③ 科技仪器：technology instruments
④ 漂洋过海：travel far away across the sea, go abroad

第六单元 故宫里的珍宝 | 141

后妃最喜欢的香水瓶，等等。

那么，故官里的文物珍宝到底有多少呢？2004年开始，北京故宫博物院的工作人员花了整整7年时间来整理，并于2011年宣布①，故宫的宝贝共有1,807,558件。2016年更新②的准确数字为1,862,690件。在这186万多件文物藏品中，珍贵文物竟然达到168万多件，占了文物总数的90.3%。也就是说，故宫博物院的文物藏品大部分都是国家珍贵文物，每件都非常重要。

除此以外，故宫的文物还有一大特点就是它们很多仍在原来的官殿保存。例如：养心殿里的文物有1890件，养心殿里8平方米的三希堂就有家具、书画等文物多达110件。保存文物最多的是十几座清宫佛堂③，几乎是原样。这些文物传递着重要的历史信息，具有特殊④的人文价值。

三希堂

中华人民共和国成立后，政府陆续⑤将散失⑥在社会上的明清档案⑦收集起来，由其前身是故宫档案馆等发展而来的中国第一历史档案馆来统一管理⑧。1955年，故宫档案馆划归国家档案局⑨领导。

---

① 宣布：to announce, to proclaim
② 更新：to update
③ 佛堂：temple
④ 特殊：special, particular
⑤ 陆续：successively, one after the other
⑥ 散失：be lost, be missing
⑦ 档案：archives
⑧ 管理：to manage
⑨ 国家档案局：State Archives Bureau

手工体验

手工制作六　"金瓯永固杯"绘制

首先准备金瓯永固杯的线稿、珠宝模型、铅笔、金底刮画纸和刮棒。金瓯永固杯的全名叫清乾隆金嵌宝金瓯永固杯,是清乾隆时期的故宫金器。

1 第一步,用铅笔在金瓯永固杯线稿背面进行平涂,铅笔的印迹要将线稿覆盖住。金瓯指的是中国古代的一种用金做的酒器,中国古人也用金瓯代表国家、国土,所以,金瓯永固就代表国家一直稳定昌盛。

2 第二步,将金瓯永固杯的线稿放在刮画纸上,用铅笔描一遍线稿,这样铅笔的印迹就拓印到了刮画纸上。金瓯永固杯以象鼻为足,它是清朝皇帝"明窗开笔"仪式①的专用酒杯。

---

① 清朝皇帝的"明窗开笔"仪式是新年伊始的重要仪式。在每年正月初一的子时(夜里11点至1点),皇帝来到养心殿东暖阁的明窗处,亲手点燃蜡烛,向金瓯永固杯注入屠苏酒,然后用万年青笔蘸墨,写下新年的第一笔。

3 第三步，用刮棒沿着刮画纸上的铅笔印迹刮掉刮画纸的黑色涂层。明窗开笔的仪式要用金瓯永固杯盛酒，然后皇帝用特制的笔、墨和纸写下新年的吉祥语。

4 第四步，用胶水将宝石粘在刮画纸上。金瓯永固杯的外壁装饰了很多花，花蕊就是用珍珠及红、蓝宝石做的。做杯足的象头上也镶嵌了珠宝，十分奢华。

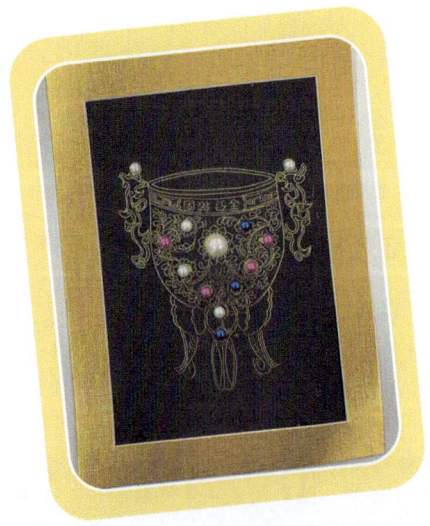

5 第五步，等胶水干透，将刮画纸放进金色画框中，金瓯永固杯的刮画就做好了。清朝皇帝将金瓯永固杯视作祖传的宝物，借此表达国家领土完整、江山永固的心愿。

第七单元

故宫里的名画 ①

语言学习

第十三课

故宫里的山水画 ①

📖 课程导入

作为中国最大的博物馆，故宫博物院藏有历代绘画作品近五万件。这次课我们一起欣赏中国十大传世名画[①]之一的《千里江山图》。

📖 教学重点

1. 学习核心语素汉字"山"及其相关词语。
2. 了解《千里江山图》的创作背景及其画儿中的内容。
3. 学习句型"画儿上画着……"。

文化知识热身

《Qiānlǐ Jiāngshān Tú》 shì Běisòng huàjiā Wáng Xīmèng chuánshì de
《千里 江山 图》 是 北宋 画家 王 希孟 传世 的

wéiyī zuòpǐn. Huàr shang miáohuìle Zhōngguó liáokuò zhuànglì de qiānlǐ jiāng-
唯一 作品。画儿 上 描绘了 中国 辽阔 壮丽 的 千里 江

shān. Huàmiàn shang qúnshān qǐfú, jiāng shuǐ hàodàng, qìxiàng-wànqiān, zhuàng-
山。画面 上 群山 起伏，江 水 浩荡，气象 万千，壮

---

① 中国的十大传世名画是《洛神赋图》《清明上河图》《富春山居图》《汉宫春晓图》《百骏图》《步辇图》《唐宫仕女图》《五牛图》《韩熙载夜宴图》《千里江山图》。

丽恢宏。画面上高山流水，小桥农舍，绿柳红花，景色秀丽。山水间有渔船、樵夫、亭台、长桥……与山川互相辉映。《千里江山图》用绚丽的青绿色彩表现出中国山河的雄伟壮观，被视为宋代青绿山水画中的巨作。

核心语素汉字

"山"是象形字。"山"的甲骨文字形像三个并排的山峰。"山"也是汉字的一个部首。本义是地面上由土石构成的隆起部分。因为"山"是高耸的而引申出"大"的含义。

——出自汉典

词汇学习

序号	词汇	拼音	词类	英文翻译
1	千里江山	qiānlǐ jiāngshān		thousands of miles of rivers and mountains
2	群山	qúnshān	名	mountains
3	流水	liúshuǐ	名	flowing water
4	小桥	xiǎo qiáo		small bridge
5	爬山	pá shān		to climb mountain
6	亭子	tíngzi	名	pavilion
7	山腰	shānyāo	名	hillside
8	人家	rénjiā	名	household
9	山岚	shānlán	名	clouds and mists in the mountains
10	山林	shānlín	名	mountain forest
11	山石	shānshí	名	mountain stone
12	山顶	shāndǐng	名	mountaintop
13	山水	shānshuǐ	名	mountains and rivers
14	山峰	shānfēng	名	peak
15	山脚	shānjiǎo	名	the foot of the mountain
16	青山绿水	qīngshān-lǜshuǐ		green mountains and clear rivers

课堂练习1

请用生词表中的词填空。

(1) ___爬山___　　　(6) _____

(2) _____　　　(7) _____

(3) _____　　　(8) _____

(4) _____　　　(9) _____

(5) _____

句型学习

> 画儿上画着……。（HSK2）

明 蓝瑛《白云红树图》（局部）

① 画儿上画着山林。　　② 画儿上画着山石。

画儿上还画着……。

中国山水画的散点透视

中国山水画一般采用散点透视的画法，不遵从焦点透视"近大远小"的特点，不是从某个固定的视角观察景物，而是整个画面有多个视角，每个视角又在局部构成透视关系。

中国山水画为什么要采用"散点透视"的画法呢？

中国山水画一般画在长长的卷轴上，我们看画儿的时候，要打开卷轴，画儿不是一下子就完全呈现的。在打开画卷的过程中，我们可以跟随画家的笔墨从不同的角度欣赏这幅画儿。

如果说西方风景画的焦点透视是一个照相机，那么中国山水画的散点透视更像一个移动的摄像机。让我们跟着画家，一起游览画儿中的山水，欣赏画家心中的山水吧。

明 顾庆恩《孤山十景图册》

③ 画儿上画着山峰。　　④ 画儿上画着山岚。

画儿上还画着……。

中国山水画的写意风格

中国山水画中的山水不追求"写实"，不要求和真实世界完全一致，而是表达画家的艺术追求，画出他们心中的山水。

西方风景画家用光和影表现真实风景，而中国山水画家用笔墨的浓淡表现内心对山水的理解。中国山水画画的不仅仅是山水，更是画家的感情。

中国的山水画在像与不像之间，表达画家的感情，看画儿的人也能够体会这种感情。

清 张雨森《秋林曳杖图》（局部）

⑤ 画儿上画着亭子。　　⑥ 画儿上画着小桥。

画儿上还画着……。

中国山水画中的哲学思想

　　中国山水画中有山有水，更有人。即使有的山水画中看不到人，也能看到人的活动痕迹，比如山林间幽静的小路，山石上耸立的亭子，群山中飘出的缕缕炊烟，等等。
　　中国山水画体现了中国"天人合一"的哲学思想。"天"指的是自然，"人"指的是人类。人类在自然中，与自然和谐相处。山水能够带给人不同的感受，人也把自己的情感融入山水间。

清　董诰《万亩登丰图卷》

⑦ 画儿上画着群山。　　　⑧ 画儿上画着人家。

画儿上还画着……。

> 春山如笑，夏山如怒，
> 秋山如妆，冬山如睡，
> 四山之意，山不能言，人能言之。
> ——〔清〕恽寿平[①]
>
> 在中国山水画中，山就是人，人就是山。

---

① 见清恽寿平《瓯香馆画跋》。

课堂练习2

❶ 选择合适的词语填空。

（1）经过不断的努力，他终于爬到了_____，看到了平时看不到的美丽风景。（山顶　山脚）

（2）顺着大卫手指的方向，我看到半_____上有一排整齐的屋子。（山石　山腰）

（3）春天的早晨，空气清新，整个村子被_____笼罩，带着一丝神秘。（山林　山岚）

（4）秋天天气凉爽，最适合我们一起去_____了。（爬山　人家）

（5）这里是远离都市的一个小村子，没有游客，只有_____。（青山绿水　千里江山）

（6）就在她到处找水的时候，突然听见下面有_____声。（山水　流水）

（7）站在山腰向下看到的是一幅_____、流水、人家的美丽画面。（山顶　小桥）

（8）日本富士山的_____上常年有积雪。（山峰　山石）

❷ 请猜一猜这些词的意思，并完成下列句子。

> 小桥　　家庭　　四海为家　　山清水秀
> 川流不息　　手忙脚乱　　头顶　　石梯

（1）记得小时候，爸爸在外地打工，每到春节前，奶奶都会站在村口的_____上盼着自己的儿子早点儿回家。

（2）他这么努力工作就是为了自己的_____能过上好日子。

（3）她的家乡是个_____的地方。

（4）他是探险家，志在四方，_____。

（5）_____通向山顶，山顶上就是那座有名的万卷楼。

（6）我们＿＿＿＿＿＿＿＿＿上是蓝蓝的天空。

（7）马路上的车辆＿＿＿＿＿＿＿＿＿。

（8）他一会儿发烧，一会儿肚子痛，弄得全家人＿＿＿＿＿＿＿。

课堂练习 3

❶ 请根据图片，使用句型"画儿上画着……"完成句子。

《千里江山图》上画着什么？

（1）画儿上画着＿＿＿＿＿＿＿＿＿。

（2）画儿上画着＿＿＿＿＿＿＿＿＿。

（3）画儿上画着＿＿＿＿＿＿＿＿＿。

（4）画儿上画着_____。

（5）画儿上画着_____。

（6）画儿上画着_____。

（7）画儿上画着_____。

❷ 如果请你进入下面的画面，你想站在哪里？请圈出你想站的位置，并说说原因。

（1）
_____
_____
_____

（2）
_____
_____
_____

（3）
_____
_____
_____

（4）
_____
_____
_____

第十四课

故宫里的山水画 ②

课程导入

上次课我们学习了"山"字的音、形、义，欣赏了传世名画《千里江山图》。18岁的天才少年王希孟的传世作品仅此一幅，他也凭借这幅画儿在画坛绽放光彩。《千里江山图》究竟有什么魅力呢？这次课我们继续来了解《千里江山图》。

教学重点

1. 复习核心语素汉字"山"及其相关词语和句型"画儿上画着……"。
2. 学习课文，进一步了解中国的山水画之美。

复习操练

1 看图说词。

❷ 游戏练习：两人一组，使用句型"画儿上画着……"描述图片，说的句子多的同学获胜。

例如：画儿上画着_____一条河_____。

　　A 同学说了_____句。

　　B 同学说了_____句。

词汇学习

序号	词汇	拼音	词类	英文翻译
1	气势恢宏	qìshì huīhóng		solemn and magnificent
2	景物	jǐngwù	名	scenery
3	远处	yuǎnchù	名	distance
4	印象	yìnxiàng	名	impression
5	近处	jìnchù	名	vicinity
6	细致	xìzhì	形	meticulous
7	挂	guà	动	to hang
8	飘	piāo	动	to flutter, to go with wind
9	漂	piāo	动	to float, to drift
10	架	jià	动	to bridge
11	幅	fú	量	measure word for paintings, etc.

表达练习 1

❶ 请根据下面的解释，写出正确的词语。

（1）形容场面、建筑或事物等表现出的一种雄壮、浩大的气势。（　　　）

（2）多指可供观赏的景致、事物。（　　　）

（3）距离说话人（或观察者）较远的地方。（　　　）

（4）客观事物在人的头脑中留下的迹象。（　　　）

（5）距离观察者较近的位置。　　　　　　　　　　（　　　）

（6）细密精致。　　　　　　　　　　　　　　　　（　　　）

❷ 请找出下列图片的对应词语，把答案写下来后描述一下图片。

> 挂　　飘　　漂　　架　　爬

（1）

（2）

（3）

（4）

（5）

课文学习

听对话，回答问题：
（1）《千里江山图》有多长？
（2）哪位皇帝特别喜欢这幅画儿？
（3）大卫家里的山水画挂在什么地方？
（4）《千里江山图》里的群山都是什么颜色的？
（5）画儿中远处画的是什么？

玛丽：故宫有一幅很特别的画儿，乾隆皇帝非常喜欢它。
Gùgōng yǒu yì fú hěn tèbié de huàr, Qiánlóng huángdì fēicháng xǐhuan tā.

大卫：什么画儿？
Shénme huàr?

玛丽：《千里江山图》，是中国山水画。
《Qiānlǐ Jiāngshān Tú》, shì Zhōngguó shānshuǐhuà.

大卫：我家的客厅也挂着一幅山水画，是我的中国朋友送给我的。这幅《千里江山图》有什么特别的地方？
Wǒ jiā de kètīng yě guàzhe yì fú shānshuǐhuà, shì wǒ de Zhōngguó péngyou sònggěi wǒ de. Zhè fú 《Qiānlǐ Jiāngshān Tú》 yǒu shénme tèbié de dìfang?

玛丽：这幅画儿长达11.9米。
Zhè fú huàr chángdá 11.9 mǐ.

大卫：这么长啊！
Zhème cháng a!

玛丽：画面上画着青绿的群山，但是每一座山峰
Huàmiàn shang huàzhe qīnglǜ de qúnshān, dànshì měi yí zuò shānfēng

都不一样，给人一种气势恢宏的印象。画儿上的景物非常细致，你看，远处的山上飘着一层云雾，近处的江上漂着一只小船，水面上架着一座小桥，桥的旁边立着几座亭子，亭子里还坐着几个人呢……

大卫：简直太美了！如果能生活在这样的青山绿水中，该多么幸福啊！

玛丽：看完这幅画儿，我也想拿起画笔，画一画我心中的山水了。

大卫：好啊！我们一起画一幅心中的山水画吧！

表达练习2

❶ 判断下面的句子是否符合课文的意思，对的画"√"，错的画"×"。

（1）《千里江山图》以青绿的群山为主。　　　　　　　（　）

（2）《千里江山图》是一幅人物画。　　　　　　　　　（　）

（3）《千里江山图》长约12米。　　　　　　　　　　　（　）

（4）《千里江山图》的画面不但气势恢宏，而且景物非常细致。（　）

（5）画面上的山峰长得都很像。　　　　　　　　　　（　　）

（6）看完这幅画儿，玛丽也想画一幅人物画了。　　（　　）

❷ 根据课文的例句完成句子。

● 近处的江上漂着一只小船。

● 水面上架着一座小桥。

以上句子为存现句。其结构为"N／NP（处所）+V着+ N／NP（人／事物）"，表示某个地方存在某个事物。"V着"表示事物存在的方式。请你根据课文内容和下面的图片完成句子。

例如：
（1）远处的山上＿＿＿＿＿＿飘着一层云雾＿＿＿＿＿＿。

（2）画儿上＿＿＿＿＿＿＿＿＿＿＿＿＿＿＿＿＿＿＿＿。

（3）近处的江上＿＿＿＿＿＿＿＿＿＿＿＿＿＿＿＿＿。

（4）水面上_____。

（5）桥上_____。

（6）亭子里还_____。

❸ 用"N/NP（处所）+V着+N/NP（人/事物）"描述下面的图片。

（1）
门上贴着_____。

（2）
墙上挂着_____。

（3）
草地上躺着_____。

（4）

教室里坐着_____。

教室里站着_____。

❹ 连线：根据图片，把下列三组词连成有意义的句子，然后用这些句子写一段话。

猫的脖子上	摆着	一张书桌
椅子上	放着	一把椅子
书房里	坐着	一位老人
书桌前	挂着	一只小猫
老人的背上	趴着	一个小铃铛

_____
_____
_____
_____
_____

◆ 表达练习3

请同学们介绍一幅喜欢的画儿，用存现句"N／NP（处所）+V着+N／NP（人／事物）"描述这幅画儿，并说一说喜欢这幅画儿的原因。

文化知识

阅读材料七

故宫里的名画①

请阅读本文，回答下面的问题。

1. 《千里江山图》是哪个朝代哪位画家的作品？
2. 《千里江山图》是怎样的绘画风格？
3. 时隔900年，为什么《千里江山图》始终颜色鲜艳？
4. 《千里江山图》是怎么绘制的？

  中国画采用毛笔蘸水、墨、颜料在绢或纸上作画。这是中国的传统绘画形式。绘画题材包括人物、山水、花鸟等。在内容和艺术创作上，中国画体现了古人对自然、社会等方面的认知。北京故宫博物院收藏了大量的书画文物，乾隆皇帝对其中一件爱不释手①，今天的观众为了能看它一眼，要排几个小时的队。它就是中国古代的十大传世名画之一——《千里江山图》。

  《千里江山图》到底是怎样的一幅画儿，会让这么多人喜爱呢？900年前，有位名叫王希孟的18岁少年，他是北宋翰林书画院的学生，非常勤奋刻苦。他后来得到宋徽宗的喜爱，宋徽宗亲自教授他画画儿。王希孟完成了这幅《千里江山图》，但他20多岁就去世了。后人对这位天才少年的英年早逝②感到非常惋惜③。

---

① 爱不释手：fondle admiringly
② 英年早逝：die at an early age
③ 惋惜：feel sorry for sb. or about sth.

《千里江山图》

《千里江山图》是典型的"青绿山水"绘画风格。它宽5.15米，长11.915米，也就是将近四层楼的高度。画家描绘了群山和江河湖水，构图采用深远、高远、平远的画法，展现出了千里江山的气势^{qìshì}①。同时在群山和江河湖水之间画上了亭子、茅屋、村舍、长桥，以及人们捕鱼、划船、行走等日常画面，描绘得精致入微^{jīngzhì rùwēi}②，栩栩如生。

青绿山水是中国山水画的重要类型，它主要是用矿物质颜料^{kuàngwùzhì yánliào}③石青和石绿绘制的。矿物质颜料就是从矿石中提取出来的颜色，保存时间会很长，比如敦煌莫高窟^{Dūnhuáng Mògāo Kū}④壁画^{bìhuà}⑤1600多年不变色的就是矿物质颜料。石青和石绿两种颜料其实就是蓝铜矿和孔雀石。它们的色彩非常鲜艳，覆盖力很强，这种矿物也比较昂贵^{ángguì}⑥，所以一般是宫廷画家使用。

宋徽宗赵佶（北宋第八位皇帝）

① 气势：grandeur
② 精致入微：exquisitely refined
③ 矿物质颜料：mineral pigment
④ 敦煌莫高窟：Mo Kao Grotto at Dunhuang
⑤ 壁画：mural
⑥ 昂贵：expensive

石青（蓝铜矿）　　　　　　　石绿（孔雀石）

那么，《千里江山图》是如何绘制的呢？事实上一幅大约12米长的《千里江山图》，王希孟一共画了五遍。第一遍先要勾线①，描绘出山体的外轮廓②。第二遍则是分染结构，这一步不能用一样的墨色染每一个地方，而是需要认真体会画面中前后虚实③的变化。第三遍渲染④，用赭石色⑤打底，要求不能偏红也不能偏黄，然后再用颜料调制⑥成绿色，淡淡地渲染一层。第四遍则是染青绿色，用浓厚的石青和石绿大面积渲染山体。第五遍则是点景，把树木和房屋

第一步　勾线　　　　　　　　第二步　分染结构

---

① 勾线：to outline
② 外轮廓：outer contour
③ 虚实：sharp or blurred
④ 渲染：to render
⑤ 赭石色：ochre
⑥ 调制：to blend

第三步 渲染

第四步 染青绿色

第五步 点景

等细节描绘出来。这些步骤画起来非常复杂，更何况这是一幅12米的长卷。王希孟这个18岁的少年用了不到半年的时间就完成了，所以有的专家认为，王希孟可能是被累死的。

虽然这位天才少年在才华绽放^{cáihuá zhànfàng}①之时离去，但给后人留下了旷世奇作^{kuàngshì qí zuò}②。

---

① 才华绽放：bloom with talent
② 旷世奇作：unprecedented masterpiece

欣 赏

请登录故宫官网,欣赏《千里江山图》,寻找你心中的山水吧。

手工体验

手工制作七　《千里江山图》绘制

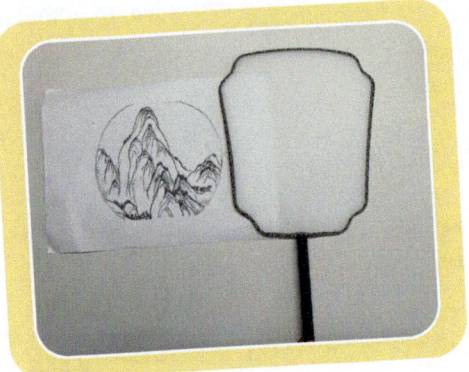

首先购买空白团扇和《千里江山图》线稿，准备颜料和画笔。《千里江山图》是北宋画家王希孟在18岁时在整绢上创作的画儿，全长约12米，它的主要取景地是庐山和鄱阳湖。

1 第一步，将团扇放在《千里江山图》线稿上，用一支较细的笔蘸取黑色将线稿勾出来。这幅画儿描绘了延绵起伏的山川、烟波浩荡的江河，即使平视画卷，也觉得像站在高处，俯瞰千里江山。

2 第二步，换一支笔蘸取淡赭石色，再拿一支笔蘸水，将其交叉拿在手里。这是中国画中常用的晕染手法，除此之外，中国画还有点染、罩染等晕染方式。

3

第三步，从下到上将山体染成赭石色，注意在绘画时换用两支笔将颜色晕染开。

4

第四步，蘸取石绿色，同时继续使用蘸了水的笔。从上到下将山体涂上绿色，同时也要注意晕染。我们在选择颜色和使用笔法上是继承了隋唐以来的"青绿山水"画法，以石青、石绿等矿物质颜料为主。

5

第五步，蘸取石青色，运用同样的方法，挑选几个山体从上至下上色。在较为单纯的蓝绿色调中可寻求变化，虽然以青绿为主色调，但在涂色时可以注重手法的变化，色彩或浑厚，或轻盈，使画面层次分明。

6

第六步，等颜料变干，一把《千里江山图》团扇就做好了。《千里江山图》中描绘的景色"可游可居"，是人与自然和谐关系的体现。

第八单元

故宫里的节日

语言学习

第十五课

故宫节日福气多 ①

课程导入

中国有哪些传统节日？你们知道北京故宫里的皇帝都庆祝哪些重要的节日吗？这次课我们就来一起了解故宫里的节日吧。

教学重点

1. 学习核心语素汉字"福"及其相关词语。
2. 了解北京故宫里的三个重要节日。
3. 学习句型"听说……"。

文化知识热身

对于 故宫 来说，每 年 都 有 三 个 重要 节日， 分别
Duìyú Gùgōng lái shuō, měi nián dōu yǒu sān gè zhòngyào jiérì, fēnbié

是 元旦、冬至 和 万寿 节。故宫 里 的 元旦 就 是 农历
shì Yuándàn、Dōngzhì hé Wànshòu Jié. Gùgōng li de Yuándàn jiù shì nónglì

的 大年 初一， 也 就 是 今天 中国 过 的 春节。这 一 天
de dànián chūyī, yě jiù shì jīntiān Zhōngguó guò de Chūnjié. Zhè yì tiān

王公 大臣、外国 使节 会 向 皇帝 进献 贺辞。冬至，
wánggōng dàchén、wàiguó shǐjié huì xiàng huángdì jìnxiàn hècí. Dōngzhì,

古人认为它代表着一个新循环的开始,所以皇帝会在这一天到天坛祭天。万寿节,其实不是节,而是皇帝的生日,"万寿"两个字就是万寿无疆的意思。

可见,元旦是年的生日,冬至是天的生日,万寿节是皇帝本人的生日,这三个节日都是故宫里的重要节日。

核心语素汉字

"福"字的甲骨文字形像双手捧着酒樽往祭桌上进奉的样子,表示用酒祭神,寓意是通过祭祀向上天或神灵祈求富足安康。在《说文解字》中,"福"字被解释为"祐也","祐"现作"佑","佑"就是保佑的意思,进一步说明了"福"字的原始意义和与宗教祭祀的关联。"示"是汉字的一个部首,其构成的汉字义多与祭祀、礼仪有关。

| | 甲骨文 | 金文 | 楚系简帛 | 说文 | 秦系简牍 | 楷书 |

——出自汉典

词汇学习

序号	词汇	拼音	词类	英文翻译
1	福气	fúqi	名	good fortune
2	元旦	Yuándàn	专名	New Year's Day
3	冬至	Dōngzhì	专名	Winter Solstice Festival
4	万寿节	Wànshòu Jié	专名	Longevity Festival
5	春节	Chūnjié	专名	Spring Festival
6	福袋	fúdài	名	lucky bag
7	祝福	zhùfú	动	to bless
8	祈祷	qídǎo	动	to pray
9	福相	fúxiàng	名	appearance showing good fortune
10	礼物	lǐwù	名	present
11	福字	fúzì	名	the Chinese character "fu"
12	幸福	xìngfú	名	happiness
13	春联	chūnlián	名	Spring Festival couplets

① "福"字的甲骨文字形出自殷墟博物馆。

序号	词汇	拼音	词类	英文翻译
14	门神	ménshén	名	door-god
15	天灯	tiāndēng	名	sky lantern

课堂练习1

指图说词,两人一组,比比谁说得快。

句型学习

听说……。（HSK3）

乾清宫，乾表示天，表示阳，代表了皇帝，是皇帝居住的地方。

听说乾清宫是皇帝居住的地方。

故宫建成后，先后住过明清两个朝代的24位皇帝。

听说故宫已经有600多年的历史了。

古人认为冬至代表着一个新循环的开始，所以皇帝会在这一天到天坛祭天。

听说冬至是故宫里重要的三大节日之一。

太和殿是故宫前朝"三大殿"中最大的一个。建筑面积2377平方米。太和殿是明清两代皇帝举行大典的地方。

听说太和殿是故宫里等级最高的宫殿。

课堂练习2

❶ 选择合适的词语填空。

（1）从此，公主和王子过上了_____的生活。（福气　幸福）

（2）人们认为有_____的人一般都运气好。（福气　幸福）

（3）他的长相一看就是有_____的人。（福相　祝福）

（4）我们真心_____他们一生平安。（福相　祝福）

（5）朋友结婚的时候，我们都会送_____。（祈祷　礼物）

（6）春节的时候，人们会在门上贴_____。（福袋　福字）

（7）_____那天是皇帝的生日。（春节　万寿节）

（8）春节临近，很多商场为了吸引顾客都安排了发送_____的活动。（福袋　祝福）

❷ 请猜一猜这些词的意思，并完成下列句子。

| 五福 | 典礼 | 福卡 | 福利 |
| 礼帽 | 造福 | 口福 | 眼福 |

（1）星期五学校举行毕业_____，很多学生和毕业生家长都会参加。

（2）那个青年黑色短发，头戴小_____，很精神。

（3）中国政府加大了社会_____的投入。

（4）中国古人把"福禄寿喜财"称为"_____"。

（5）多少年来，人们一直在探索如何更好地利用太空能源为人类_____。

（6）故宫博物院有很多珍宝，可以让您大饱_____。

（7）这家公司为每位消费者都提供了一张"健康_____"。

（8）今天我做了一大桌美食，你真是太有_____了。

课堂练习3

1. 请你做一次故宫导游，看图片，向你的同学说一说这些节日故宫会有什么活动。使用句型"听说……"来介绍。

春联、门神

福字

宫灯

天灯

（1）听说春节的时候，故宫里会贴_____，挂_____，竖_____。

（2）听说冬至的时候，皇帝会_____
_____。

（3）听说万寿节是皇帝的生日，这一天很多人会
_____。

❷ 请使用句型"听说……"说一说你知道的习俗或者祝福语。

例如：

听说中国人结婚的时候，朋友会送上祝福的红包。

（1）听说_____。
（2）听说_____。
（3）听说_____。
（4）听说_____。

第十六课

故宫节日福气多 ②

课程导入

上次课我们学习了"福"字的音、形、义，了解了北京故宫的三个重要节日。那么，在北京故宫里过节的时候，皇帝都会做什么呢？有哪些习俗一直延续到现在？这次课我们就来学习故宫里的节日。

教学重点

1. 复习核心语素汉字"福"及其相关词语，并用句型"听说……"描述图片。
2. 学习课文，了解北京故宫里的节日习俗。

复习操练

❶ 说一说由"福"组成的词。

❷ 请用句型"听说……"完成下列句子。

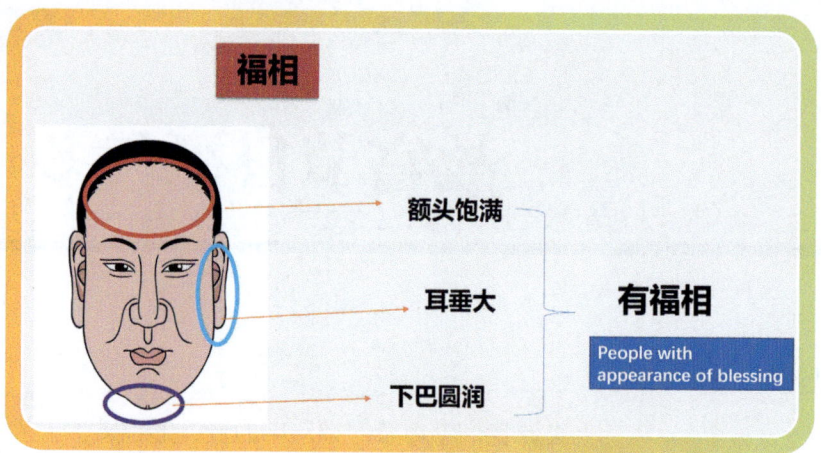

听说……的人有福相。

据文献记载①，大约从明朝开始就有在大年初一吃饺子的习俗了。在宋朝，饺子叫"角儿"；在元朝、明朝，饺子叫"扁食"；在清朝，饺子叫"煮饽饽"。

听说……。

词汇学习

序号	词汇	拼音	词类	英文翻译
1	耳垂	ěrchuí	名	earlobe
2	体会	tǐhuì	动	to experience

---

① 见明刘若愚编纂的《酌中志》。

序号	词汇	拼音	词类	英文翻译
3	感觉	gǎnjué	名、动	feeling; to feel
4	特别	tèbié	形、副	special; especially
5	叩拜	kòubài	动	to kowtow
6	赐福	cìfú	动	to bestow blessings
7	希望	xīwàng	动	to hope
8	聚会	jùhuì	动、名	get together; party
9	封	fēng	动	to envelop
10	福运	fúyùn	名	good luck

表达练习1

❶ 看图说词。

❷ 选择合适的词语填空。

> 体会　　感觉　　特别　　叩拜　　赐福　　希望

（1）新的一年，大家都＿＿＿＿＿＿有好运。

（2）第一次上台演讲，我＿＿＿＿＿＿紧张极了。

（3）经历过苦难的人才能真正＿＿＿＿＿＿到幸福。

（4）人们认为有福相的人一般＿＿＿＿＿＿有福气。

（5）在元旦这一天，皇帝会去＿＿＿＿＿＿他的母亲。

（6）皇帝把福字送给大臣，叫＿＿＿＿＿＿。

课文学习

听对话，回答问题：
（1）故宫搞了一个什么活动？
（2）这个活动想让人们感受什么？
（3）故宫里有哪三个重要的节日？
（4）春节的时候，皇帝会把什么写在纸上，用信封封起来？
（5）春节的时候，皇帝会去叩拜谁？

玛丽： Lǎoshī, wǒ tīngshuō Gùgōng céng yǒu yí gè hěn huǒ de huódòng, jiào "Zǐjìnchéng li guò dànián". "Dànián" jiù shì Zhōngguó de Chūnjié, duì ma?
老师，我听说故宫曾有一个很火的活动，叫"紫禁城里过大年"。"大年"就是中国的春节，对吗？

老师： Shì de, dāngshí yǒu hěn duō rén dōu xiǎng tǐhuì yíxià zài gōng li guònián de gǎnjué, dàihuí yìnián de fúqi.
是的，当时有很多人都想体会一下在宫里过年的感觉，带回一年的福气。

大卫： Wǒ yě tèbié xiǎng zhīdào, huángdì shì zěnme guònián de? Tā yǔ "péngyou" jùhuì ma?
我也特别想知道，皇帝是怎么过年的？他与"朋友"聚会吗？

老师： Hāha, Gùgōng li yǒu sān gè zhòngyào de jiérì, Chūnjié（gǔ chēng
哈哈，故宫里有三个重要的节日，春节（古称元旦①）就是其中之一。这一天皇帝会在纸上写下美好的祝福，用信封封起来。然后，去叩拜他的母亲并送去祝福。

大卫：老师，我还听说皇帝会写福字，并把它们送给大臣，叫"赐福"。

老师：没错，新的一年，人们都希望有福运啊。

玛丽：是呀！我在中国的商场，还见过"福袋""福卡"呢。

老师：没错，这些都是人们的美好祝福。

玛丽：大卫，你看我的耳垂大吗？听说耳垂大叫福相。

大卫：你一定是个有福气的人。

老师、大卫、玛丽：来，让我们祝福身边的每一位朋友都一生幸福吧。

---

① 在古代，春节即正月初一被称为"元旦"。辛亥革命推翻了清朝，决定采用公历纪年，将公历1月1日定为"元旦"。

表达练习2

❶ 判断下面的句子是否符合课文的意思，对的画"√"，错的画"×"。

（1）过大年就是指过中国的春节。　　　　　（　）

（2）故宫春节举办的活动来参加的人很少。　（　）

（3）皇帝送给大臣福字叫"赐福"。　　　　　（　）

（4）送"福袋"就是送美好的祝福。　　　　　（　）

（5）耳垂小的人是福相。　　　　　　　　　（　）

（6）在中国古代，春节被称为"元旦"。　　　（　）

❷ 看图说话，请用句型"听说……"作答。

（1）

你知道什么样的人有福气吗？

听说_____。

（2）

我特别想看流星雨，你知道什么时候会有吗？

听说_____。

（3）

你知道他去哪儿了吗？最近都没有见到他。

听说_____。

（4）

你知道皇帝过年会把什么送给大臣吗？

听说_____。

（5）

你知道故宫里住过多少位皇帝吗？你对谁的印象最深？

听说_____。

❸ 请用句型"听说……"介绍下面这一著名景点的建造时间、目的及其相关故事。

❹ 游戏练习：你问我答。两人一组，请使用句型"听说……"询问你朋友所在国家的节日习俗。

表达练习3

请同学们选择一个喜欢的中国节日说一说节日习俗和喜欢这个节日的原因,并用句型"听说……"和"因为……所以……"进行介绍。

文化知识

阅读材料八

故宫里的节日

请阅读本文，回答下面的问题。

1. 元旦的时候，故宫里要摆放什么灯？
2. 冬至的时候，皇帝祈求上天是为了什么？
3. 万寿节当天，皇帝都要做什么？
4. 故宫里庆祝的这三个节日分别是"谁"的"生日"？

中国历史中有很多节日，每个节日都有特定的习俗①，比如元宵节看花灯、吃元宵，中秋节赏月、吃月饼，端午节划龙舟②、吃粽子，等等。

那么在故宫里，哪些节日是重要的呢？故宫的重要节日主要有三个：元旦（现在的春节）、冬至和万寿节。

说起元旦，大家一定会以为是公历③年的第一天，1月1日。但实际上中国古代的人们是用农历过日子的。故宫里的元旦是农历④的大年初一，也就是我们现在所说的春节。

元旦（现在的春节）的时候，故宫里还要摆放天灯和万寿灯。天灯是过春

---

① 习俗：custom
② 划龙舟：dragon boating
③ 公历：Gregorian calendar
④ 农历：Chinese lunar calendar

节时向神仙祈福^{qí fú}①用的。它立在紫禁城乾清宫丹陛上下，造型华丽，上面有精美的装饰。万寿灯代表着美好。万寿灯的杆子^{gǎnzi}②高近11米，几乎与宫殿的屋檐一样高。

除夕夜的时候，皇帝在保和殿举办宴会^{yànhuì}③，官员们到乾清宫前，撤下万寿宝

天灯

万寿灯

联，换万寿灯，灯火要点亮整晚。

除了元旦，故宫里的重大节日还有冬至。冬至是中国二十四节气中的一个。冬至的这一天阳光直射南回归线^{nánhuíguīxiàn}④，北半球白天最短，夜晚最长。自冬至这天起太阳直射点开始往北返，标志着太阳往返运动进入新的循环。可能有人会问冬至为什么是一个重大节日？我们知道，皇帝自称是天子，所以皇帝对天是相当尊敬的。中国的君王们自古就有祭天的传统，祈求上天保佑国家风调雨顺^{fēngtiáo-yǔshùn}⑤。古人认为冬至就代表着一个新循环的开始，所以皇帝会在冬至这天到天坛祭天^{jì tiān}⑥，第二天在太和殿接受文武百官的祝贺^{zhùhè}⑦。

---

① 祈福：pray for blessings
② 杆子：pole
③ 宴会：banquet
④ 南回归线：the Tropic of Capricorn
⑤ 风调雨顺：good weather for the crops
⑥ 祭天：offer sacrifice to heaven
⑦ 祝贺：to congratulate

天坛

当然,故宫里的重要节日除了元旦和冬至,还有万寿节。

万寿节其实不是节,而是皇帝的生日。"万寿"这两个字就是万寿无疆^{wànshòu-wújiāng}①的意思。每到整寿的万寿节,例如皇帝20岁、30岁、40岁等,北京城就会格外热闹。全城的人都一起看大戏。万寿节时戏台多,需要的戏班也多。于是,大臣们就到全国寻找好的戏班子^{xìbānzi}②,把他们送到北京来演出。万寿节时,紫禁城的城门、宫外的店铺几乎都贴上了"寿"和"福"字。皇帝的生日全国的百姓都要祝贺,这叫"普天同庆^{pǔtiān-tóngqìng}③"。

到了万寿节当天,皇帝要先到太庙^{tàimiào}④,也就是皇帝供奉祖先的地方去行礼^{xínglǐ}⑤,然后去太和殿接受王公大臣的三拜九叩礼,再回到内廷接受皇后、妃嫔的行礼。

---

① 万寿无疆:a long life
② 戏班子:theatrical troupe
③ 普天同庆:the whole world celebrates
④ 太庙:The Imperial Temple
⑤ 行礼:to salute, to give a salute

这之后,皇帝才正式开始他的生日宴。

太庙

皇帝的生日宴上,餐桌上摆的餐具都有"万寿无疆"的字样,那天饭菜的名字也都是吉祥、长寿之意。

元旦是年的生日,冬至是天的生日,万寿节是皇帝本人的生日。所以这三个节日都是故宫里的重要节日。

光绪黄地粉彩"万寿无疆"盘

手工体验

手工制作八　宫灯制作

首先购买宫灯制作材料包、画笔和红色颜料。宫灯又称宫廷花灯，是中国的传统手工艺品。宫灯始于东汉，盛于隋唐，具有浓厚的地方特色。

1　第一步，将拼图从木板上拆下，共6个大框、6个小框、6个支架、12个小连接板、6个大连接板和6个云纹板。宫灯以细木为骨架，镶以绢纱或玻璃，并用不同图案的彩绘来装饰，雍容华贵，充满宫廷气派。

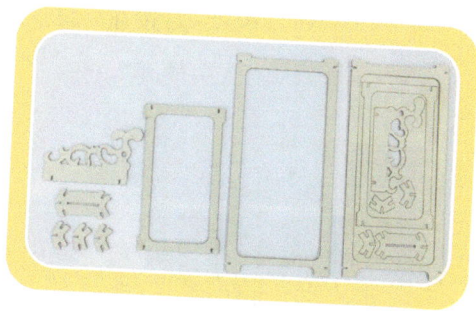

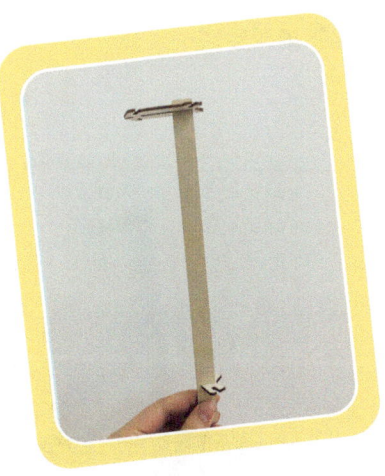

2　第二步，先拿出支架，开口较宽的一面朝下，将一个小连接板插进支架下方，再将一个大连接板插到支架顶端。

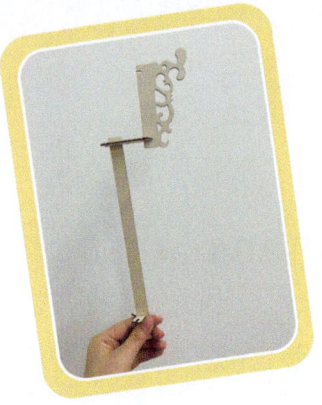

第三步,取一个云纹片,窄段朝下,将它和大连接板插在一起。云纹就是云形纹饰,它是中国古代的一种吉祥图案,象征高升和如意。

第四步,再拿一个小连接板,将它和云纹板连接在一起,两个小连接板的方向要一致。之后拿出一个大框,窄边朝上,宽边朝下,将它和支架连接在一起,形成宫灯的一面大画屏,通常角上还会雕有龙头或凤头。

第五步,拿出一个小框,将它置于大框上方,与云纹片、大连接片和小连接片插在一起。"六方宫灯"有六个对立的面,每个面都分为上扇、下扇两层。

第六步,重复以上步骤,将六扇宫灯连接在一起。正统的宫灯造型为八角形、六角形和四角形。今天我们做的宫灯就是六角形的,又叫"六方宫灯",这是北京宫灯的主要形式。

7 第七步，将宫灯的木质框涂成红色。直到今天，在元宵节等节日，依然可以在中国各地看到宫灯，如天津的杨柳青。

8 第八步，将带花纹的纸贴在宫灯内侧，注意有花纹的一侧要朝外。实际上，真正的宫灯上镶的是带有图案的绢纱，图案的内容多为龙凤呈祥、福寿延年、吉祥如意等。人们通过这些不同内容的宫灯，寄托心中的愿望。

9 第九步，等颜料和胶水干透，宫灯就制作完成了。宫灯历史悠久，作为一种独特的工艺品，在世界上享有盛名。

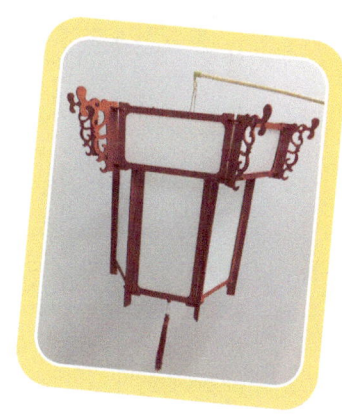

练习参考答案

第一课

认识故宫 ①

课堂练习1

略

课堂练习2

❶ （1）宫墙　（2）乾清宫　（3）宫廷舞　（4）坤宁宫　（5）宫灯　（6）宫斗剧　（7）太和殿　（8）保和殿

❷ （1）慈眉善目　（2）扭转乾坤　（3）和谐　（4）坤车　（5）迷宫　（6）和平　（7）坤表　（8）和睦

课堂练习3

❶ （1）乾清宫　（2）坤宁宫　（3）慈宁宫　（4）太和殿　（5）中和殿　（6）保和殿

❷ （1）卫生间　卫生间　洗澡
　　（2）书房　书房　学习
　　（3）客厅　客厅　休闲娱乐
　　（4）厨房　厨房　做饭

第二课

认识故宫 ②

复习操练

略

表达练习1

❶ （1）后边　（2）上边　（3）右边　（4）中间　（5）下边
　　（6）前边　（7）左边

❷ （1）外边　（2）中间　（3）左边　（4）前边　（5）后边
　　（6）右边　（7）里边

课文学习

（1）太和殿在故宫的中间。
（2）中和殿在太和殿的后边。
（3）坤宁宫在故宫的最后边。
（4）乾清宫在坤宁宫的前边。
（5）慈宁宫在乾清宫的左边。

表达练习2

❶ （1）×　（2）√　（3）×　（4）×　（5）√　（6）×
❷ 略
❸ 略
❹ 略

表达练习3

略

201

> 阅读材料一

1. 到2024年，故宫已经建成600多年了。
2. 雨季河水上涨时，人们把木头放入河里，木头就顺着河水运到了北京。
3. "外朝内廷"的"外朝"指的是以保和殿与乾清门之间的广场为界，广场南部的地方，这里是皇帝举行庆典等活动的地方；"内廷"指的是广场北部，这里是皇帝和他的嫔妃们生活的地方。
4. 不是。根据2012年故宫博物院院长单霁翔的统计，故宫有9371间房屋。

第三课

皇帝的爱好①

课堂练习1

略

课堂练习2

❶ （1）爱好　（2）好强　（3）好吃懒做　（4）服用丹药　（5）好客　（6）敛财　（7）制作木器　（8）嗜好

❷ （1）财富　（2）好酒贪杯　（3）好奇　（4）说服　（5）好管闲事　（6）打斗　（7）制造　（8）好为人师

课堂练习3

❶ （1）明世宗朱厚熜　（2）明武宗朱厚照　（3）明熹宗朱由校　（4）明神宗朱翊钧

❷ （1）小红好唱歌。

（2）安娜好购物。

（3）叔叔好做饭。

（4）大卫好吃。

第四课

皇帝的爱好 ②

复习操练

❶ 略

❷ 明宣宗朱瞻基　明武宗朱厚照　明世宗朱厚熜　明神宗朱翊钧　明熹宗朱由校

表达练习1

❶ （1）木匠　（2）迷信　（3）长生不老　（4）打仗
（5）老百姓　（6）奇葩

❷ 略

课文学习

（1）课文中提到了明宣宗朱瞻基、明武宗朱厚照、明世宗朱厚熜、明神宗朱翊钧、明熹宗朱由校，一共5位皇帝。他们都是明朝的。
（2）明宣宗朱瞻基被称为"蛐蛐儿皇帝"。
（3）明武宗去打仗的真正目的是到各地游玩。
（4）明世宗朱厚熜好炼制和服用丹药，希望自己长生不老。
（5）大卫觉得明宣宗朱瞻基太有趣了，明武宗朱厚照太奇葩了，明世宗朱厚熜太迷信了，明神宗朱翊钧太过分了，明熹宗朱由校太有意思了。

表达练习2

❶ （1）√　（2）×　（3）×　（4）×　（5）√　（6）√

❷ （3）（1）（5）（2）（4）

❸ 略

❹ 略

表达练习3

略

阅读材料二

1. 紫禁城一共住过24位皇帝。
2. 因为建文帝朱允炆的叔叔们个个勇敢善战，他怕叔叔们抢夺他的皇权。
3. 朱棣夺取皇权的历史事件叫"靖难之役"。
4. 因为抢来的皇位使朱棣心里不安，觉得自己的封地"北平"会带给他幸运和福气，所以他把"北平"改为"北京"，定都北京。

第五课

皇帝的一天①

课堂练习1

（1）洗漱（2）早/晚膳（3）请安（4）早读（5）批阅奏折
（6）早朝

课堂练习2

❶ （1）洗漱　（2）请安　（3）寿康宫　（4）早读　（5）早朝
　（6）养心殿　（7）晚膳　（8）孝顺

❷ （1）早睡早起　　（2）早出晚归　（3）百善孝为先　（4）母慈子孝
　（5）一日之计在于晨（6）闻鸡起舞　（7）忠孝两全　（8）父严子孝

课堂练习3

❶ （1）给皇太后请安

　（2）早上五点半　乾清宫　早读

　（3）早上7点　乾清门　早朝

　（4）上午10点　养心殿　批阅奏折

❷ 答案不唯一，仅供参考

（1）早上8点　　教室　　上课

（2）下午3点／下课后　图书馆　　借书／还书

（3）上午10点　　报告厅　　听报告

（4）晚上8点　　宿舍／自习室　上网课

第六课

皇帝的一天 ②

复习操练

❶ 略

❷ 略

表达练习1

❶（1）赏玩宝物　（2）吃烤鸭　（3）练习骑射　（4）看戏　（5）作诗

（6）散步

❷（1）乾隆皇帝到小书房"三希堂"去赏玩宝物。

（2）乾隆皇帝和皇子们到箭亭去练习骑射。

（3）乾隆皇帝和后妃们到御花园去散步。

（4）乾隆皇帝和后妃、臣子们到畅音阁去看戏。

课文学习

（1）乾隆皇帝住在养心殿。

（2）乾隆皇帝4点起床，7点上早朝。

（3）乾隆皇帝每天的头等大事是给皇太后请安。

（4）乾隆皇帝一天吃两顿正餐。他最喜欢吃烤鸭。

（5）乾隆皇帝的休闲生活有赏玩宝物、练习骑射、散步和看戏等。

表达练习2

❶ （1）×　（2）×　（3）√　（4）×　（5）×　（6）×

❷ （1）乾隆皇帝到　养心殿小书房"三希堂"　去　赏玩宝物　。

（2）乾隆皇帝和后妃们到　御花园　去　散步　。

（3）乾隆皇帝和后妃、臣子们到　畅音阁　去　看戏　。

（4）乾隆皇帝和皇子们到箭亭去　练习骑射　。

❸ 这是客厅，客厅是　会见客人　的地方。　中午1点左右　，乾隆皇帝到　"中正仁和"　去　召见大臣　。

这是办公室，办公室是　工作　的地方。　上午10点　，乾隆皇帝到　"勤政亲贤"　去　批阅奏折　。

这是小书房三希堂，书房是　看书　的地方。　下午4点以后　，乾隆皇帝到　"三希堂"　去　赏玩宝物　。

❹ 略

表达练习3

略

阅读材料三

1. 皇帝、大婚时的皇后和殿试前三名可以从午门中间的门洞进出。
2. 明朝的皇帝在太和门上朝。
3. 保和殿是皇家的宴会厅和科举殿试的考场。
4. 皇帝的嫔妃都住在东西六宫。

第七课

故宫建筑的神奇之处①

课堂练习1

❶ 略

❷ A B

课堂练习2

❶ （1）榫卯　（2）黄色　（3）柱子　（4）代表　（5）斗拱
（6）木质　（7）土地　（8）红色

❷ （1）木板　（2）根本　（3）枯萎　（4）黄瓜
（5）麻木　（6）红包　（7）联合国　（8）结实

课堂练习3

❶ 答案不唯一，仅供参考
（1）喜欢交朋友　　　　（2）身材很好
（3）买了新房子　　　　（4）她生病了

❷ 答案不唯一，仅供参考
（1）略
（2）
　　故宫的小神兽又叫脊兽。中国古代建筑的屋顶多用琉璃瓦建造，在屋顶上安放脊兽，可以防止漏水、生锈，保护木栓和瓦钉。一般来说，小神兽的总数为单数，也就是阳数，这与中国传统文化中对阳数的尊崇有关。但太和殿因为是最高等级的建筑，所以有10个小神兽，意味着只有皇帝才能享受到"十全十美"的待遇。次高等级的建筑，如中和殿和保和殿的屋顶上有9个小神兽。

（3）为什么故宫绝大多数的屋顶都是黄色的？
　　因为根据五行学说，黄色代表五行中的土，土行位于五行中央，皇帝是天下的中心，所以故宫绝大多数的屋顶都是黄色的。"五行"也称"五行学说"，指的是金、木、水、火、土五种构成世界的基本元素。"五行学说"在商周时期渐趋成熟，战国以来人们以其相生相克来解释万事万物的演变。

（4）为什么故宫有大面积的红墙？
　　因为根据五行学说，红色在五行中代表火，火可以生土。故宫大面积的红墙代表火很旺，由此可以产生更多的土，这样国家就会拥有更多的土地。

第八课

故宫建筑的神奇之处②

复习操练

① 略

② 略

表达练习1

① （1）地震　（2）钉子　（3）神兽　（4）工匠

② （1）装饰　（2）组合　（3）权力　（4）神奇　（5）象征
　　（6）秘密　（7）等级

课文学习

（1）因为地震的时候，榫卯结构会松动但不会散架，所以使建筑不容易倒塌。

（2）中国的许多木质结构古建筑可以几百年甚至上千年不倒。

（3）因为根据五行学说，黄色代表五行中的土，土行位于五行中央，皇帝是天下的中心，所以故宫的屋顶大多是黄色的。

（4）故宫屋顶的小神兽又叫脊兽，不仅可以保护木栓和钉子，还可以用来祈福和驱邪。

（5）中国古代建筑的屋顶多用琉璃瓦建造，在屋顶上安放小神兽（脊兽），可以防止漏水、生锈。

表达练习2

① （1）√　（2）×　（3）√　（4）×　（5）√　（6）√

② （1）黄色代表土地
　　（2）是红色的
　　（3）就给它们戴上了不同形状的"神兽帽子"
　　（4）榫卯结构
　　（5）数量最多

❸ 答案不唯一，仅供参考

我喜欢坐飞机，因为它方便快捷。

❹ 答案不唯一，仅供参考

（1）因为玫瑰代表爱情，所以节日的时候情侣会互送玫瑰花。

（2）因为（红）"枣"、（花）"生"、"桂"（圆）、（莲）"子"这四个字读起来与"早生贵子"谐音，所以结婚的时候会准备红枣、花生、桂圆、莲子祈福。

（3）因为葫芦谐音"福禄"，寓意是福气、财富，所以逢年过节大家会买葫芦挂件。

（4）因为苹果既有营养又有平安的寓意，所以日常生活中大家喜欢买苹果。

表达练习3

略

阅读材料四

1. 因为故宫里的建筑使用的是榫卯结构，当"榫"插入"卯"里时，两块木头就能连接起来，这是中国传统木构件的连接方式。在这一技术的发展过程中，逐渐出现了构件"斗"与"拱"。"斗"与"拱"（合称"斗拱"）是木质结构建筑中的支撑构件，在屋顶和屋身连接的地方。每层"斗拱"都有松动的空间，像弹簧一样，遇到地震会松动但不会散架，从而使故宫里的建筑不容易倒塌。

2. 皇子可以住绿色琉璃瓦屋顶的房屋。

3. 皇帝可以走台阶中间的御石路。

4. 为了方便运送"云龙阶石"，工匠们专门选择在冬天去开采石材。他们在通往北京的路上，每隔500米左右就挖一口井，因为天气寒冷，所以从井里打的水泼在路面上就会形成"冰道"。这时，工匠们便把石材装到旱船上，用骡马拉着旱船前行。

第九课

故宫神兽知多少①

课堂练习1

（1）龙袍　（2）铜龙　（3）龙椅　（4）九龙壁　（5）正龙
（6）铜凤　（7）殿顶跑龙　（8）凤冠

课堂练习2

❶ （1）龙颜　（2）龙袍　（3）龙体　（4）铜龙　（5）凤冠
（6）殿顶跑龙　（7）皇帝　（8）望子成龙

❷ （1）舞龙　（2）龙舟　（3）龙王　（4）龙头
（5）龙生九子　（6）龙飞凤舞　（7）人中龙凤　（8）龙的传人

课堂练习3

❶ （1）铜龙　　　（2）龙凤呈祥　　（3）铜凤
（4）九五之尊　（5）望女成凤　　（6）凤冠

回答问题：

（1）龙代表皇帝，凤代表皇后。
（2）龙凤呈祥代表婚姻美满，家庭幸福。
（3）九五之尊代表皇帝至高无上的尊贵地位。
（4）望女成凤代表中国父母对女儿的期望。
（5）凤冠代表皇后的身份和地位。

❷ 答案不唯一，仅供参考

（1）因为龙是中华民族的象征，代表吉祥、力量等。
（2）龙舟比赛。图中的神兽龙代表皇帝，还代表吉祥、幸运、力量与成功等。
（3）凤。凤代表皇后，在中国古代代表地位最高的女人。
（4）龙和凤。合在一起是"龙凤呈祥"的意思，代表婚姻美满，家庭幸福。
（5）龙和凤。它们出现在一对茶杯上代表婚姻美满，家庭幸福。

第十课

故宫神兽知多少②

复习操练

❶ 略

❷ 游戏练习

（1）我是龙，代表皇帝。

（2）我是凤，代表皇后。

（3）我是龙凤呈祥，代表婚姻美满，家庭幸福。

（4）我是九五之尊，代表皇帝至高无上的尊贵地位。

（5）我是望子成龙，代表中国父母对儿子的期望。

（6）我是望女成凤，代表中国父母对女儿的期望。

表达练习1

❶（1）铜狮　（2）鎏金铜狮　（3）麒麟　（4）铜鹤　（5）铜龟　（6）铜鹿　（7）伏跪象

❷（1）我们是铜鹤和铜龟，都代表长寿。

（2）我是铜狮，代表威严。

（3）我是伏跪象，代表富贵。

（4）我是铜鹿，代表财富、幸福。

（5）我是麒麟，代表平安、吉祥。

课文学习

（1）故宫里有龙、凤、铜狮、麒麟、铜鹤、铜龟、铜鹿和伏跪象等众多神兽。

（2）九龙壁上一共有九条龙，中间的龙位于正中，称为"正龙"，是第五条。

（3）"皇家第一大铜狮"在太和殿太和门前。它代表威严。

（4）太和门前和乾清门前的铜狮不一样。

（5）麒麟代表平安、吉祥，铜鹿代表财富、幸福。

表达练习2

❶ （1）×　（2）×　（3）×　（4）×　（5）√　（6）√

❷ （1）因为在中国文化中，"九"在阳数中最大，代表吉祥。"五"居中，代表尊贵。"九五之尊"代表皇帝至高无上的尊贵地位。

（2）太和门前铜狮的45个发髻代表"九五之尊"。

（3）铜龟和铜鹤代表长寿，象征着皇家对长寿的追求。

（4）铜鹿代表财富和幸福，所以深受慈禧太后的喜爱。

（5）"伏跪象"在故宫跪了百年，人们心疼它；它还代表富贵，人们喜欢它。

❸ 故宫共有7对铜狮，分别位于太和门前、乾清门前、宁寿门前、养性门前、养心门前、存性门前和长春宫正殿前。太和门前的铜狮与乾清门前的铜狮不一样，主要区别如下：（1）外形。太和门前的铜狮耳朵是竖起来的，乾清门前的铜狮耳朵是耷拉着的。直立着耳朵的铜狮在外朝，提醒皇帝和大臣们上朝了，好好工作。耷拉着耳朵的铜狮在内廷，提醒后宫的妃子们要少听少看，不得干政。这就叫内外有别。太和门前的铜狮未鎏金，乾清门前的铜狮是鎏金的。（2）寓意。太和门前的铜狮左侧是雄狮，右足踏绣球，象征皇家的权力和一统天下；右侧是雌狮，左足抚幼狮，象征子嗣昌盛。乾清门前的铜狮右侧是雌狮，意在警示后宫嫔妃，对于前朝的政事，要少听、少议论。这些铜狮头上都是有45个发髻，寓意是"九五之尊"，代表皇帝至高无上的尊贵地位。

❹ 答案不唯一，仅供参考

（1）因为龙代表皇帝，故宫是皇帝的家。

（2）因为自唐代起，黄色为皇帝所专用，代表至高无上的尊贵地位。

（3）因为"乾"表示天，表示阳，乾清宫是皇帝居住的地方。9在阳数中最大，代表尊贵，是皇帝的专用数字。

（4）因为北京故宫是明清两代的皇家宫殿，代表了中华民族的古老文化，值得一看。

表达练习3

略

阅读材料五

1. 在九龙壁的建造过程中，有一位工匠不小心打碎了一块琉璃瓦。为了能按时完工，工匠们用雕好的木头刷上漆替代了这块瓦片，蒙混过关，长达几百年，连当时的乾隆皇帝都没有发现这个惊天秘密。
2. 太和门前铜狮的45个发誓对应了皇帝"九五之尊"的说法。
3. 乾清门前鎏金铜狮低垂的耳朵暗示内廷的后妃们少听少看，不得干政。
4. 在中国的传统文化中，龟和鹤都代表长寿。

第十一课

石之美者①

课堂练习1

略

课堂练习2

❶ （1）玉花瓶　（2）玉镯　（3）玉佩　（4）玉白菜　（5）玉璧
（6）玉杯 玉壶　（7）玉葫芦　（8）玉如意

❷ （1）锦衣玉食　（2）抛砖引玉　（3）如花似玉　（4）金玉良言
（5）珠圆玉润　（6）亭亭玉立　（7）琼楼玉宇　（8）白璧无瑕

课堂练习3

❶ 略

❷ 答案不唯一，仅供参考
（1）这件衣服不但漂亮，而且便宜。
（2）感冒的时候不但流鼻涕，而且头疼。
（3）菊花不但可供观赏，而且有一定的药用价值。
（4）马克不但会说汉语，而且会写汉字。

练习参考答案 | 213

第十二课

石之美者②

复习操练

❶ 略

❷ 略

表达练习1

❶ （1）装饰品（2）招财进宝（3）外表（4）坚硬 （5）平安 （6）祝愿

❷ 略

课文学习

（1）玉不但秀美，而且坚硬。
（2）朋友祝愿我不但有漂亮的外表，而且有坚强的性格，就像玉一样。
（3）故宫里收藏的玉器有玉璧、玉环、玉佩、玉镯、玉象、玉杯、玉壶等。
（4）在中国古代，玉器不但是一种装饰品，而且代表财富和权力。
（5）因为玉白菜代表招财进宝，玉如意代表平安、吉祥。

表达练习2

❶ （1）× （2）× （3）√ （4）× （5）√ （6）×
（7）× （8）√

❷ 她说玉石不但 __秀美__ ，而且 __坚硬__ 。
她祝愿我也像玉石一样，不但有 __漂亮的外表__ ，而且有 __坚强的性格__ 。
玉器不但是一种 __装饰品__ ，而且代表 __财富和权力__ 。
希望家里不但能 __招财进宝__ ，而且能 __平安、吉祥__ 。

❸ （1）学习汉语，不但要会说，而且要会写。
（2）北京故宫不但很大，而且有很多珍宝。
（3）乾隆皇帝每天不但要努力工作，而且要练习射箭。

（4）骑自行车不但可以减肥，而且可以增强心肺功能。

（5）因为外国游客不但可以参观北京故宫的宫殿建筑，而且可以欣赏文物展览。

（6）这家餐厅不但味道不错，而且价格便宜。

❹ 略

表达练习3

略

阅读材料六

1. 据2016年的统计，北京故宫有186万多件文物藏品。
2. 北京故宫的镇馆之宝有只有皇帝才能使用的酒杯"金瓯永固杯"，集合中国各朝17种釉彩的"瓷母大瓶"，长5米多绘制的北宋都城汴京（今河南省开封市）百姓生活的《清明上河图》，等等。
3. 北京故宫的文物来自中国的不同朝代。
4. 北京故宫的文物藏品大多保存在原来的宫殿里。

第十三课

故宫里的山水画①

课堂练习1

（1）爬山（2）亭子（3）山腰（4）人家（5）山岚
（6）山林（7）小桥（8）山石（9）山峰

课堂练习2

❶ （1）山顶　（2）山腰　（3）山岚　（4）爬山　（5）青山绿水
（6）流水　（7）小桥　（8）山峰

❷ （1）小桥　（2）家庭　（3）山清水秀　（4）四海为家
（5）石梯　（6）头顶　（7）川流不息　（8）手忙脚乱

课堂练习3

❶ （1）画儿上画着山林。
　（2）画儿上画着山石。
　（3）画儿上画着山峰。
　（4）画儿上画着群山。
　（5）画儿上画着山岚。
　（6）画儿上画着青山绿水。
　（7）画儿上画着千里江山。

❷ 略

第十四课

故宫里的山水画②

复习操练

❶ 略

❷ 略

表达练习1

❶ （1）气势恢宏　（2）景物　（3）远处　（4）印象　（5）近处　（6）细致

❷ （1）爬　（2）漂　（3）挂　（4）飘　（5）架

课文学习

（1）《千里江山图》长11.9米。

（2）乾隆皇帝特别喜欢这幅画儿。

（3）大卫家的客厅挂着一幅山水画。

（4）《千里江山图》里的群山都是青绿色的。

（5）画儿中远处画的是山上飘着一层云雾。

表达练习2

❶ （1）√　（2）×　（3）√　（4）√　（5）×　（6）×

❷ （1）远处的山上　__飘着一层云雾__　。
　（2）画儿上　__画着青绿的群山__　。
　（3）近处的江上　__漂着几艘小船__　。
　（4）水面上　__架着一座桥__　。
　（5）桥上　__立着一座亭子__　。
　（6）亭子里还　__坐着几个人__　。

❸ （1）门上贴着　__福字__　。
　（2）墙上挂着　__很多照片__　。
　（3）草地上躺着　__一只可爱的小狗__　。
　（4）教室里坐着　__很多学生__　。
　　　教室里站着　__一位老师__　。

❹ 书房里放着　__一张书桌__　。
　书桌前摆着　__一把椅子__　。
　椅子上坐着　__一位老人__　。
　老人的背上趴着　__一只小猫__　。
　猫的脖子上挂着　__一个小铃铛__　。

表达练习3

略

阅读材料七

1. 《千里江山图》是北宋画家王希孟的作品。
2. 《千里江山图》是典型的"青绿山水"绘画风格。
3. 《千里江山图》使用的材料是矿物质颜料，保存时间比较长。
4. 这幅画儿一共画了五遍。第一遍是勾线，第二遍是分染结构，第三遍是渲染，第四遍是染青绿色，第五遍是点景。

第十五课

故宫节日福气多①

课堂练习1

略

课堂练习2

❶ （1）幸福　（2）福气　（3）福相　（4）祝福
（5）礼物　（6）福字　（7）万寿节　（8）福袋

❷ （1）典礼　（2）礼帽　（3）福利　（4）五福
（5）造福　（6）眼福　（7）福卡　（8）口福

课堂练习3

❶ （1）春联 宫灯 天灯　（2）到天坛祭天
（3）向皇帝祝寿

❷ 答案不唯一，仅供参考
（1）听说在朋友生病的时候，人们一般会带水果和鲜花去看望。
（2）听说结婚的时候，新郎、新娘会穿着漂亮的礼服接受大家的祝福。
（3）听说过生日的时候，家人会准备生日聚会。
（4）听说大学毕业的时候，大家会一起穿学士服拍照。

第十六课

故宫节日福气多②

复习操练

❶ 福气 福利 祝福 造福 眼福 福袋 福相 福字

❷ 听说额头饱满／耳垂大／下巴圆润的人有福相。
听说大年初一吃饺子的习俗大约从明朝开始。

表达练习1

❶ 略

❷ （1）希望　（2）感觉　（3）体会
（4）特别　（5）叩拜　（6）赐福

课文学习

（1）故宫搞了一个"紫禁城里过大年"的活动。
（2）这个活动想让人们体会在宫中过年的感觉。
（3）故宫里的三个重要节日是元旦（春节）、冬至、万寿节。
（4）春节的时候，皇帝会把美好的祝福写在纸上，用信封封起来。
（5）春节的时候，皇帝会去叩拜他的母亲。

表达练习2

❶ （1）√　（2）×　（3）√　（4）√　（5）×　（6）√

❷ 答案不唯一，仅供参考
（1）听说　耳垂大的人很有福气　。
（2）听说　每年1月3号至4号会出现　。
（3）听说　他退学了　。
（4）听说　皇帝会写福字送给大臣　。
（5）听说　共有24位皇帝，我对明成祖朱棣印象最深　。

❸ 答案不唯一，仅供参考
　　听说长城开始建造于西周时期，那时的长城规模比较小，主要是为了防御北方游牧民族猃狁的袭击，修筑了连续排列的"列城"。当时各诸侯国也有自己修筑的城墙，多是就地取材，比如用土、石等。长城的总长度超过2.1万千米。相关故事有《孟姜女哭长城》《烽火戏诸侯》等。

❹ 略

表达练习3

答案不唯一,仅供参考

　　听说元宵节要吃元宵,元宵的形状是圆的,人们在元宵节吃元宵,有全家团圆、幸福美满的寓意。

　　听说春节要吃饺子,因为饺子的形状像元宝,有招财进宝的吉祥寓意,所以在春节这个重要的传统节日里,饺子成为了不可或缺的美食。

阅读材料八

1. 元旦的时候,故宫里要摆放天灯和万寿灯。
2. 冬至的时候,皇帝祈求上天保佑国家风调雨顺。
3. 到了万寿节,皇帝要先到太庙,也就是皇帝供奉祖先的地方去行礼,然后去太和殿接受王公大臣的三拜九叩礼,再回到内廷接受皇后、妃嫔的行礼。这之后,皇帝才正式开始他的生日宴。
4. 故宫里要庆祝的元旦、冬至和万寿节这三个节日分别是年的生日、天的生日和皇帝的生日。

词语总表

	A		
3	爱好	àihào	一级①

	B		
12	摆	bǎi	四级

	C		
11	财富	cáifù	四级
7	参观	cānguān	二级
4	长生不老	chángshēng-bùlǎo	
10	长寿	chángshòu	五级
15	春联	chūnlián	
16	赐福	cìfú	

	D		
10	耷拉	dā·la	
4	打仗	dǎzhàng	高等
3	大将军	dàjiāngjūn	
7	代表	dàibiǎo	三级
3	道士	dào·shi	
8	等级	děngjí	五级
9	殿顶跑龙	diàn dǐng pǎo lóng	
8	地震	dìzhèn	五级
8	钉子	dīngzi	高等
7	斗拱	dǒugǒng	
3	斗蛐蛐儿	dòu qūqur	

	E		
16	耳垂	ěrchuí	

	F		
10	发髻	fàjì	
3	封	fēng	五级
16	封	fēng	高等
9	凤冠	fèngguān	
14	幅	fú	五级
15	福袋	fúdài	
15	福气	fúqi	高等
15	福相	fúxiàng	
10	福运	fúyùn	
10	福字	fúzì	

---

① 这一列标注的是《国际中文教育中文水平等级标准》（2021年7月1日起实施）的词语级别。

10	富贵	fùguì			2	后边	hòu·bian	一级
10	伏跪象	fúguìxiàng			7	黄色	huángsè	二级
3	服用丹药	fúyòng dānyào			5	皇太后	huángtàihòu	
	G				5	活动	huódòng	二级
16	感觉	gǎnjué	二级			**J**		
11	高洁	gāojié			10	吉祥	jíxiáng	六级
6	更衣	gēngyī			2	记忆力	jìyìlì	
1	宫灯	gōngdēng			14	架	jià	三级
1	宫殿	gōngdiàn	高等		11	坚强	jiānqiáng	三级
1	宫斗剧	gongdòujù			12	坚硬	jiānyìng	高等
1	宫门	gōngmén			4	简直	jiǎnzhí	三级
1	宫女	gōngnǚ			7	建筑	jiànzhù	五级
1	宫墙	gōngqiáng			7	结构	jiégòu	四级
1	宫廷舞	gōngtíngwǔ			14	近处	jìnchù	
14	挂	guà	三级		4	精巧	jīngqiǎo	
7	国家	guójiā	一级		14	景物	jǐngwù	
	H				9	九龙壁	Jiǔlóngbì	
3	好吃懒做	hàochī-lǎnzuò			9	九五之尊	jiǔwǔzhīzūn	
3	好客	hàokè	高等		16	聚会	jùhuì	四级
3	好强	hàoqiáng				**K**		
3	好学	hàoxué	六级		6	看戏	kàn xì	
7	横梁	héngliáng			6	烤鸭	kǎoyā	五级
7	红色	hóngsè	二级		16	叩拜	kòubài	

	L		
4	老百姓	lǎobǎixìng	三级
2	里边	lǐ·bian	一级
15	礼物	lǐwù	二级
3	敛财	liǎncái	
6	练习骑射	liànxí qí shè	
3	炼制	liànzhì	
13	流水	liúshuǐ	高等
10	鎏金铜狮	liújīn tóngshī	
9	龙凤呈祥	lóngfèng-chéngxiáng	
9	龙袍	lóngpáo	
9	龙体	lóngtǐ	
9	龙颜	lóngyán	
9	龙椅	lóngyǐ	
10	禄	lù	
	M		
15	门神	ménshén	
4	迷信	míxìn	五级
8	秘密	mìmì	四级
4	木匠	mù·jiàng	高等
7	木质	mùzhì	
	P		
13	爬山	pá shān	二级
5	批阅奏折	pīyuè zòuzhé	
14	漂	piāo	高等
14	飘	piāo	高等
12	平安	píng'ān	二级
	Q		
4	奇葩	qípā	
15	祈祷	qídǎo	高等
10	麒麟	qílín	
14	气势恢宏	qìshì huīhóng	
13	千里江山	qiānlǐ jiāngshān	
2	前边	qián·bian	一级
4	钱财	qiáncái	高等
5	勤政	qínzhèng	
13	青山绿水	qīngshān-lùshuǐ	
5	请安	qǐng'ān	
8	权力	quánlì	六级
13	群山	qúnshān	
	R		
13	人家	rénjiā	四级
	S		
6	散步	sànbù	三级
13	山顶	shāndǐng	高等
13	山峰	shānfēng	六级

13	山脚	shānjiǎo		10	铜龟	tóngguī	
13	山岚	shānlán		10	铜鹤	tónghè	
13	山林	shānlín		9	铜龙	tónglóng	
13	山石	shānshí		10	铜鹿	tónglù	
13	山水	shānshuǐ		10	铜狮	tóngshī	
13	山腰	shānyāo		**W**			
6	赏玩宝物	shǎngwán bǎowù		2	外边	wài·bian	一级
2	上边	shàng·bian	一级	12	外表	wàibiǎo	高等
7	神奇	shénqí	五级	5	晚膳	wǎnshàn	
8	神兽	shénshòu		9	望女成凤	wàngnǚchéngfèng	
8	生锈	shēngxiù		9	望子成龙	wàngzǐchénglóng	
3	嗜好	shìhào	高等	10	威严	wēiyán	
8	数量	shùliàng	三级	11	温润	wēnrùn	
4	搜刮	sōuguā		7	屋顶	wūdǐng	高等
7	榫卯	sǔn mǎo		**X**			
T				16	希望	xīwàng	三级
7	弹簧	tánhuáng		5	洗漱	xǐshù	
16	特别	tèbié	二级	14	细致	xìzhì	四级
16	体会	tǐhuì	三级	2	下边	xià·bian	一级
15	天灯	tiāndēng		8	象征	xiàngzhēng	五级
13	亭子	tíngzi		13	小桥	xiǎo qiáo	
7	土地	tǔdì	四级	5	孝顺	xiàoshùn	高等
9	铜凤	tóngfèng		15	幸福	xìngfú	三级

11	性格	xìnggé	三级		14	远处	yuǎnchù	五级
11	秀美	xiùměi	高等			**Z**		
	Y				5	早朝	zǎocháo	
7	颜色	yánsè	二级		5	早读	zǎodú	
14	印象	yìnxiàng	三级		5	早膳	zǎoshàn	
2	有名	yǒumíng	一级		12	招财进宝	zhāocái-jìnbǎo	
4	有趣	yǒuqù	四级		9	正龙	zhènglóng	
2	右边	yòu·bian	一级		10	直立	zhílì	
11	玉白菜	yùbáicài			3	制作木器	zhìzuò mùqì	
11	玉杯	yùbēi			2	中间	zhōngjiān	一级
11	玉璧	yùbì			15	祝福	zhùfú	四级
11	玉耳环	yù'ěrhuán			12	祝愿	zhùyuàn	六级
11	玉壶	yùhú			7	柱子	zhùzi	六级
11	玉葫芦	yùhúlu			8	装饰	zhuāngshì	五级
11	玉花瓶	yùhuāpíng			12	装饰品	zhuāngshìpǐn	
11	玉佩	yùpèi			8	组合	zǔhé	三级
11	玉器	yùqì			2	左边	zuǒ·bian	一级
11	玉如意	yùrúyì			6	作诗	zuò shī	
11	玉镯	yùzhuó						

专有名词

B		
保和殿	Bǎohé Diàn	1
C		
畅音阁	Chàngyīn Gé	6
春节	Chūnjié	15
慈宁宫	Cíníng Gōng	1
慈禧太后	Cíxǐ tàihòu	10
D		
冬至	Dōngzhì	15
J		
箭亭	Jiàn Tíng	6
K		
坤宁宫	Kūnníng Gōng	1
M		
明神宗 朱翊钧	Míng Shénzōng Zhū Yìjūn	3
明世宗 朱厚熜	Míng Shìzōng Zhū Hòucōng	3
明武宗 朱厚照	Míng Wǔzōng Zhū Hòuzhào	3
明熹宗 朱由校	Míng Xīzōng Zhū Yóujiào	3

明宣宗 朱瞻基	Míng Xuānzōng Zhū Zhānjī	3
Q		
乾隆皇帝	Qiánlóng huángdì	5
乾清宫	Qiánqīng Gōng	1
S		
三希堂	Sānxī Táng	6
寿康宫	Shòukāng Gōng	5
T		
太和殿	Tàihé Diàn	1
W		
万寿节	Wànshòu Jié	15
Y		
养心殿	Yǎngxīn Diàn	5
御花园	Yùhuāyuán	6
元旦	Yuándàn	15
Z		
中和殿	Zhōnghé Diàn	1